30대의 선택이 인생을 바꾼다

30대의 선택이 **인생을 바꾼다**

당신을 '시장가치가 높은 사람'으로 리빌딩하라!

코스기 토시야 지음
이정은 옮김

홍익출판 미디어그룹

1. 세상이 30대에게 바라는
단 하나는?

2. 새로운 삶으로 뛰어들
준비가 되었는가?

3. 내 삶과 도전의 균형을
잡는 방법은?

4. 오늘이야말로 도전하기에
딱 좋은 날이다

30대에 하지 않으면
안 될 일들

20대까지는 현재보다 더 나아지고자 미지의 세계에 무모하게 도전하는 일이 많았고, 또 그래야 마땅한 시기였다.

그런데 30세를 넘어서게 되면 언제까지나 20대 같지는 않으니 그저 무난하게 실패 없이 살아가는 편이 좋다고 생각하여 현실 안주를 목표로 삼고 보수적으로 변하는 사람들이 많다.

그러나 30대가 이런 태도를 고집한다면 곳곳에서 문제가 생긴다. 직장인의 경우 주어진 업무에 충실하면서 자기만의 성과를 달성하면 되었던 20대 시절과는 달리, 30대에게는 회사에서 팀원들과 함께 성과를 올려야 하는 일이 요구된다. 조금 앞서 나가는 30대라면 부하직원을 관리하거나 평가하고 육성하는 책임까지 떠안게 된다.

이때 대부분의 30대는 후배들에게 모범이 되어야 한다는 생각 때문인지 실수를 하거나 창피를 당하는 일에 두려움을 느끼면서, 전보다 좀 더 어른스러운 면모를 갖추지 않으면 안 된다는 부담감에 쫓기기도 한다.

게다가 30대가 되면 개인적으로는 결혼 같은 신상의 큰 변화도 생겨 더욱 모험을 하지 않으려고 한다. 이런저런 이유로 자신을 현재 위치에 붙박아놓고 최대한 안전제일주의의 자세를 취하는 것이다.

30대의 하루는 40대의 한 달이다

나는 30대 초반까지 대기업의 인사부서에서 일하다가 30대 후반에 독립한 후 다양한 기업의 인사관리 자문 역을 맡으면서 수많은 사람들을 면접해왔고, 강사로서 기업의 리더십 훈련이나 커리어 연수를 통해 수만 명을 상대로 강의를 해왔다.

그 과정을 통해 나는 30대를 분기점으로 해서 놀랄 정도로 다른 삶을 살게 되었다. 그리고 다른 사람들도 30대를 어떻게 보내느냐에 따라 각자의 삶에 명암이 극명하게 갈리는 사례를 수없이 목격해왔다.

그래서 나는 기회가 있을 때마다 30대로 사는 10년 동안 자기 인생을 어떻게 보낼지에 따라 앞으로의 인생이 결정된다고 말하고 있다.

돌이켜보면 내게 있어 30대는 내 인생 전체 커리어의 핵심이자 더 성장하기 위해 발버둥을 치면서 무척 힘들어한 시기였다. 발전은 항상 더뎠고, 기대만큼 따르지 않는 결과물을 앞에 놓고 셀 수 없이 갈등한 10년이었다.

나는 한참 젊었을 때 운 좋게도 해외 유학의 기회를 잡아 세계 일류 인재들의 수준을 피부로 직접 느꼈고, 귀국 후에는 여러 기업들에서 근무하면서 일본 최고의 두뇌라 불리는 사람들과 경쟁하기 위해 미친듯이 일했다.

그러다 글로벌 기업의 인사부서로 자리를 옮겨 세계 수준의 인사관리 업무 방식을 온몸으로 흡수할 수 있었는데 그러는 동안 단 1분도 마음을 놓은 적이 없을 만큼 회사생활에 미쳐 지냈다.

문제는 한심하게 돌아가는 사생활이었다. 유학을 가면서 얼마간의 빚이 생겼지만, 귀국 후에는 부모님께 신세를 지지 않고 직접 집을 구입하면서 빚이 더욱 늘어났다. 30대를 살면서 빚의 총액이 10억을 넘어버려 주위 사람들이 걱정 어린 눈으로 나를 바라보는 경우가 허다했다.

그 외에도 내 인생을 통틀어서 30대는 정신적으로나 일적으로나 엄청나게 부하가 걸려 있는 시기여서 나도 모르게 힘들다는 말이 새어 나올 정도였다. 그럼에도 나는 스스로 그래도 괜찮다고 말하면서 의식적으로 삶의 모든 영역에 더욱 총력을 가해갔다.

나는 왜 주위 사람들이 하나같이 머리를 갸웃거릴 정도로 스스로를 계속 몰아붙였던 것일까? 그 이유는, 30대가 내 인생의 터닝 포인트가 될 거라고 굳게 믿었기 때문이다.

30대에 내가 하는 모든 일에 미치지 않고서는 이후의 인생이 변변치 않게 흘러갈 거라는 압박감이 나를 온통 지배하고 있었던 것이다. 오늘의 나는 그때의 그런 마음가짐이 만들어낸 결과물이라고 생각한다.

물론 시행착오도 많았고 실패할 때도 있었다. 사람들에게 손가락질을 받을 때도 있었고 비웃음의 대상이 될 때도 있었다. 목표하고 기대하는 것보다 훨씬 밑도는 결과물을 앞에 놓고 한숨을 뱉은 적도 한두 번이 아니었다.

그러나 나는 좌절하지 않았고 포기는 더욱 하지 않았다. 내 인생의 절반도 지나지 않았는데 포기라니, 말도 안 된다면서 나 자신을 더욱 채찍질했다. 30대는 마땅히 그렇게 해야 한다고 생각하면서 더욱 나를 몰아가는 동시에 미래의 희망을 향해 달려나갔다.

나는 외동아들로 태어나서 부모님의 사랑을 듬뿍 받으며 성장했기 때문에 사회에 나오기 전까지 사람들에게 일방적으로 혼이 나거나 이해할 수 없는 추궁을 당한 경험이 한 번도 없었다.

그러다 사회인이 되면서, 내가 얼마나 온실 속의 꽃처럼 허약한 인간인지를 깨닫게 되었다. 내가 직장생활을 처음 시작했을 때 업무 실수로 인해 각 부서의 선배들이 득달같이 전화로 따지고 심지어 부서까지 찾아와 화를 낸 일이 있었다.

내 생각엔 그리 크지도 않은 실수여서 간단히 충고만 해도 될 일인데 왜들 그렇게 사납게 몰아세우는지, 나는 주위에 동료들이 있었음에도 어이없게 눈물을 흘리고 말았다.

그날 이후 그런 일이 있을 때마다 상사들이 잘못을 덮어주는 한심한 인간으로 지내다 보니 점점 더 소심해지고, 주위 사람들의 시선에 신경을 쓰면서 별것 아닌 말에도 자주 상처 받곤 했다.

그렇게 힘들게 직장생활을 이어가던 어느 날, 문득 주변에 눈을 돌리자 40대의 부장이나 50대의 중역이 하나같이 품격 있으면서도 누구보다 활발하게 일하는 모습을 보게 되었다. 경륜과 여유를 갖추고 진심으로 일을 즐기고 있는 프로다운 모습들이었다.

그런데 이와 달리 30대 선배들은 전혀 즐겁게 일하고 있는 것처럼 보이지 않았다. 모두들 20대 시절의 업무 태도의 연장선상에 있는 듯한 표정으로, 지금의 삶이 행복하기는 커녕 매일매일 발등의 불을 끄며 사는 것만으로도 힘겨워 보였다.

문득 이런 생각이 들었다. 저런 모습으로 30대를 보낸다면 조직사회의 부속품으로 전락하여 인생 자체가 점차 내리막 길로 치닫게 되지 않을까?

인생의 한창때인 30대를 살면서 어느 때보다 활기차게 살아야 할 텐데, 왜 현재의 삶이 지겹다는 표정을 짓고 있는 것일까? 왜 그들에게서는 미래에 대한 희망으로 뜨거운 모습을 볼 수 없는 것일까?

나는 돌연 얼마 있으면 나에게도 닥쳐올 30대에 두려움을 느꼈다. 당시 나에겐 30대를 대비한 그 어떤 준비도 없었고, 무엇을 어떻게 준비해야 하는지도 몰랐다.

다른 분야에서 일하는 친구들의 말을 들어보니, 대기업에는 회사 내에서 시행하는 승급 시험 같은 게 있어서 매일 맹렬히 공부하고 있다고 했다.

그런데 나는 당장 주어진 업무에 숙달되는 데만 허둥지둥 매달려 있을 뿐 능력 계발을 위한 그 어떤 노력도 하지 않고 있었다. 이제 곧 서른 살이 되는데 대학 시절의 나와 비교했을 때 지금의 나는 얼마나 성장했는지 의문이 들었다.

당시 나는 다른 분야에서 일하는 친구들과는 연봉에 대해 이야기하는 걸 최대한 피하고 있었다. 그들과 차이가 너무 났고, 사회적인 지위와 힘의 차이도 점차 벌어져만 가는 것 같았기 때문이었다. 이대로라면 나는 평생 그들과 다른 세계에서 살다가 끝나버릴지 모른다! 이런 생각만 하면 울화가 치밀었다.

그런 초조함에 떠밀려, 나는 40대 이후로 나의 시대를 활짝 열어젖히기 위해서라도 30대는 적극적인 도전을 펼칠 시기라고 생각했다. 나 자신에게 터보 엔진을 달아 이전까지와는 전혀 다른 힘과 스피드로 달리자고 작정한 그때의 각오가 없었다면 오늘의 나는 존재하지 않았을 것이다.

자신의 커리어를 디자인하라

지금 이 책을 읽고 있는 30대들 중에는 예전의 나처럼 주변을 둘러보고, 40대나 50대 선배들의 모습에 자신의 미래 모습을 투사해보는 사람도 있을 것이다.

선배들 중에서 롤모델로 삼을 사람이 있는 경우는 그나마 괜찮다. 그 사람처럼 되기 위해 그의 발걸음을 따라 방향성을 잡다 보면 이전의 나처럼 형편없이 헤맬 일은 없을 것이다.

그러나 주변에 롤모델은커녕 배울 점이라곤 조금도 찾아보기 힘든 선배들밖에 없다면 어떻게 해야 할까? 그때까지 전직이나 독립을 생각하지 않은 사람이라도 이대로 회사에 머물러서 시간을 보내다 보면 어느 순간 자신도 그들처럼 되는 게 아닐까 하는 불안감에 시달리며 인생 자체를 고민하고 있을 것이다.

나는 인사 컨설턴트로서 그간 수많은 사람들을 대상으로 강의와 상담을 진행해오면서, 커리어 때문에 고민하는 사람들 대다수가 이런 패턴을 보인다는 걸 알게 되었다.

30대는 앞으로 자신의 커리어를 어떻게 디자인할지 본격적으로 고민하는 시기이다. 여기서 말하는 '커리어 디자인'은 자기 스스로 인생 계획표를 설계하는 것으로, 건축으로 말하자면 설계 도면을 만든 뒤에 그것을 바탕으로 건물을 세워나가는 과정에 해당한다고 볼 수 있다.

그러나 오랜 기간 커리어에 대해 상담해온 경험에서 봤을 때, 30대 안에 자신의 커리어를 멋지게 디자인하고 그에 따라 경력을 착실히 쌓아나가는 사람은 거의 없다고 확실하게 단언할 수 있다.

왜 그럴까? 내가 예상한 대로 커리어가 완성되어간다는 것은 직장인이라면 모든 일이 자기 의지대로 움직인다는 뜻이고, 창업을 했다면 자기가 꿈꾸는 대로 인생이 진행된다는 뜻인데, 30대는 십중팔구 아직 그러기가 어렵다.

이렇게 말할 수도 있다. 커리어의 설계도를 마음대로 그려내는 것은 가능하지만, 30대에 자신의 커리어를 직접적으로 조절하는 것은 대부분의 사람들에게 거의 불가능한 일이라는 뜻이다.

나도 마찬가지였다. 대학을 졸업하고 처음 직장인이 되어 배정받은 부서가 해외영업부였고, 그 다음에는 법무팀에서 일했다. 어디서 일하든 나로서는 부여받은 일을 필사적으로 해냈지만, 그런 경험만으로 내 인생에 도움이 되는 커리어를 만들어가는 것은 어려운 일이었다.

30대에 커리어 디자인을 할 수 없는 이유는 또 하나 있다. 결정적으로 경험이 부족하기 때문이다. 경험은 건축으로 말하자면 재료와 부품 같은 것이다.

어렵게 설계 도면을 완성했다 하더라도 재료와 부품이 부족하면 당연히 건축이 진행될 수 없다. 마찬가지로 경험이 부족하면 아무리 커리어 디자인을 잘했다 하더라도 결코 기대한 대로 진척되지 않을 것이다.

커리어 디자인에 필요한 경험에는 일차원적으로 말하자면 스킬과 지식이 있다. 스킬과 지식은 크게 전문적인 것과 일반적인 것으로 나눌 수 있다.

스킬에는 2가지가 있는데, '전문 스킬'은 업무를 수행하기 위해 꼭 필요한 능력으로 특별한 자격 요건을 요하는 것들이 많다. 이에 반해 '일반 스킬'은 교섭력, 시간 관리, 계획성, 프레젠테이션 능력처럼 자기 스스로의 힘과 노력으로 키워나갈 수 있다. 여기에 더해 외국어 능력처럼 열심히 익히기만 하면 능력이 배가될 수 있는 부분도 일반 스킬에 속한다고 볼 수 있다.

30대의 경험은 단순히 스킬이나 지식을 익혀나가는 과정에 그쳐서는 안 된다. 자신의 강점과 약점을 소상히 파악하고, 여기다 자기만의 동기부여 조건을 확인해야 한다.

그런 뒤에 주어진 여건에서 어떻게 자신의 능력을 활용할지, 그리고 어떤 성과나 가치를 생산할 수 있을지를 고민해야 한다. 그래야 진짜 영양가 있는 경험이 된다. 요컨대, 자신에 대한 이해가 동반되지 않으면 의미가 없다는 것이다.

경험의 축적에다, 자신에 대한 이해가 더해지면 이제 본격적으로 커리어 디자인이 가능해진다. 하지만 30대들 중에 이 수준에 도달하는 사람은 많지 않다.

따라서 30대에는 커리어의 방향성을 정하기 전에, 우선 커리어 디자인을 위해 필요한 일들을 준비하는 것이 중요하다.

자신의 능력과 자신이 정말로 잘해낼 수 있는 분야가 무엇인지 알아내려면 어쨌든 새로운 일에 적극적으로 도전해보는 수밖에 방법이 없다.

30대인 당신이 하지 않으면 안 될 일은 가만히 멈춰서 고민하는 게 아니라 한 발짝 더 빨리, 그리고 많이 행동하는 것이다. 이 책이 당신의 새로운 출발에 도움이 되기를 바란다.

코스기 토시야小杉俊哉

당신은 얼마나 '좋은 얼굴'을 가지고 있는가?
도전하지 않는 30대에게 미래는 없다
나의 시장가치는 얼마나 될까?
당신은 유일무이한 존재인가?

....

1장

세상이
30대에게 바라는
단 하나는?

당신은
얼마나 '좋은 얼굴'을
가지고 있는가?

"나만이 내 인생을 바꿀 수 있다.
아무도 날 대신해줄 수는 없다."

_캐롤 버넷Carol Burnett, 미국의 배우

30대의 얼굴은 20대 때와 달라야 한다

나는 그동안 인사관리 컨설턴트로 활동하면서 신입사원부터 경력사원, 중역, 심지어 최고경영자까지 다양한 사람들을 면접해봤다.

　어떤 직책이 되었든, 그리고 상대방이 어느 분야의 어떤 인재인가에 상관없이, 내가 반드시 주목하는 게 하나 있다. 그것을 한 마디로 말하면 '좋은 얼굴'을 하고 있는지의 여부다.

　여기서 말하는 '좋은 얼굴'은 아주 잘생겼다거나 눈부신 미모의 차원이 아니다. 그동안 열심히 살면서 자기 목표에 도전해온 경험과 자신에 대한 이해가 깊이 새겨진 사람의 얼굴을 말한다. 그런 얼굴은 보는 즉시 알아차릴 수 있다.

'좋은 얼굴'에는 성실함, 의욕, 그리고 어떤 곤란이 닥치더라도 긍정적으로 받아들이는 자세 같은 것들이 드러난다. 그렇기에 좋은 얼굴인지 아닌지로 나누다 보면, 그 사람의 지나온 삶을 엿볼 수 있다.

20대까지는 부모로부터 물려받은 얼굴의 조형적인 요소가 표정과 인상을 좌우한다. 하지만 30대부터는 자기 얼굴에 자신이 책임을 져야 한다. 30대부터의 얼굴에는 그의 삶과 그것을 지탱하는 마음속 철학이 감출 수 없는 낙인으로 깊이 새겨지기 때문이다.

기업의 채용 담당자들에게 이 이야기를 하면 하나같이 공감한다. 언어적으로 어떻게 표현하는가와는 별개로, 그들 또한 나와 같은 생각을 하고 있는 것이다.

예전에 어느 항공사에서 승무원을 뽑기 위한 최종 면접을 하면서 그 회사의 최고경영자와 대화를 나눈 적이 있는데, 그는 면접을 위해 방으로 들어오는 순간 합격 여부가 결정된다고 했다. 그 이후의 질문들은 확인 절차일 뿐이라는 것이다.

면접을 위한 준비를 이렇게 하면 된다는 식의 이야기가 아니다. 승무원을 지망하는 사람이 승무원 양성 학원을 다니며 전문적인 스킬과 지식을 길러도 자신의 얼굴은 숨길 수가 없다. 아무리 고급스런 화장법으로 얼굴을 치장해도, 아무리 밋진 옷을 입어도, 그것은 항상 변함이 없다.

회사가 진짜 원하는 사람은 누구일까?

어느 방송국의 아나운서 부장은 이렇게 말했다.

"면접 때 따로 스킬과 지식은 보지 않습니다. 그런 것들은 입사 후에 제대로 교육하기 때문입니다. 우리는 면접을 하면서 그에게 이상한 습벽은 없는지, 겉멋이 들었거나 해괴한 철학에 매몰된 사람은 아닌지를 볼 뿐입니다."

아나운서 양성 학원에 다니며 아나운서가 지녀야 할 스킬과 지식을 익힌 다음에 방송국 시험에 임하는 사람들이 많다. 그러나 방송국마다 원하는 인재상도 다르고 방송국의 색깔 또한 다르기 때문에 뻔한 스킬과 지식은 차라리 배우지 않은 것만 못하다.

아무리 그렇더라도 기업은 '보유 능력having'이나 '성과performance'로 판단하는 게 아닐까 의문을 품는 사람이 있을 것이다. 보유 능력이란 학력이나 학업 성적, 자격증, 직업 능력 시험에서 받은 점수 등을 가리키는 말이다. 확실히 예전에는 채용이나 인사 평가에서 이런 능력을 중시했었다.

성과주의가 만연하던 시대에는 업적과 결과를 맹목적으로 중시했지만 지금은 성과로 이어지는 과정에서 보이는 '행동 특성doing'을 더 높이 친다. 수단과 방법을 도외시한 성과주의로는 그 사람은 물론이고 기업의 미래까지도 기대할 수 없기 때문이다.

하지만 이런 것들은 어디까지나 면접장에 도착하기 위해 요구되는 조건에 지나지 않는다. 채용 담당자가 면접장에서 가장 알고 싶어 하는 것은 그 사람이 가지고 있는 학력도, 경력도, 자격도, 스킬도, 지식도 아니다.

기업은 그가 어떤 인생을 살고 있는지, 일상에서 어떤 자세로 업무에 임하며, 얼마나 건전한 목표와 올바른 방향성을 가지고 일하는지에 주목한다. 다시 말해서 기업은 '그 사람의 존재 그 자체being'를 본다.

이 말은 인간적인 능력이나 인간성으로 표현되기도 하는데, 나는 오히려 그게 더 어렵게 느껴진다. 따라서 나는 이를 더 단순하게 그 사람의 '바탕'을 본다고 표현한다.

어떤 인간인가? 바로 이것을 본다는 것인데, 이는 생각만큼 쉽지 않다. 한 사람의 바탕이란 보이는 것이 아니기 때문이다. 의도적으로 선의의 가면을 쓰고 있을 수도 있으니 말이다.

나는 본격적으로 면접을 시작하기 전에 그냥 아무도 아닌 척하며 안내 데스크나 대기실, 회사 로비 주변을 어슬렁거리며 입사 지원자들의 면면을 관찰한다.

어떤 태도로 안내원을 대하는지, 아무도 보지 않는 곳에서 어떻게 의자에 앉는지, 차를 대접받을 때 어떻게 대응하는지, 메모장이나 펜을 어떻게 사용하는지 등등 일상적인 동작들을 세심하게 지켜본다. 나는 그런 사소한 동작들 속에 그 사람의 존재가 충실하게 반영되고 있다고 본다. 얼굴을 보고 그 사람에 대해 판단하는 것도 기본적으로 이런 믿음과 일맥상통한다.

30대에 모르고 지나치면 후회할 습관

좋은 얼굴 외에 면접에서 내가 중요시하는 것이 또 하나 있다. 그것은 성장하기 위해서 절대적으로 필요한 요소로, 바로 '공부하는 습관'이다.

외국 기업의 경우엔 선발하는 인재의 채용 조건으로 특정한 스펙이 제시되기 때문에 지원자들이 그 기준을 만족하는지 확인한다. 그러나 실제로 이런 채용 조건에 100퍼센트 맞아떨어지는 사람이 있을 리 없다는 생각이 들 만큼 이상적인 인재상이 그려져 있어 나도 모르게 화가 날 때가 있다. 그런 요건에 맞는 인재를 찾기란 어렵기 때문에 대개는 어느 정도 선에서 타협을 하게 된다.

그렇기에 기업은 만약 30대 경력사원을 뽑는다면 입사 후에 얼마나 자기 능력을 계발하기 위해 학습하며, 그것을 통해 기업 환경에 얼마나 빨리 적응하고 성과를 올릴 수 있을지를 놓고 판단하게 된다.

한마디로 말해 'A 부분은 다소 부족하지만 B 부분에서는 높게 평가할 수 있기에 앞으로 이런저런 스펙을 채울 거라고 기대하겠다'는 식으로 채용을 결정한다는 것이다.

일단 좋은 인재라고 판단해서 채용했는데 시간이 흘러도 입사 때 그 모습 그대로의 능력밖에 발휘하지 못한다면 기업에서 볼 때 여간 곤란한 일이 아닐 것이다.

따라서 기업은 현재 시점에서의 학력이나 경험은 어디까지나 참고사항일 뿐 그 사람의 비전과, 그것을 뒷받침하는 학습 능력을 더 높이 평가한다. 기업 입장에서 학습하지 않는 인재는 가치가 없다.

내 경험에 비춰볼 때 전 직장이 유명 기업일수록, 일류 대학 출신일수록, MBA나 컨설턴트 경험이 있을수록, 그리고 이전 회사에서 높은 직위에 있었을수록 학습하는 습관이 갖춰지지 않았을 확률이 높다.

오래전 영광을 등에 업고 낡아빠진 경험과 뻔한 잔재주로 일하는 사람, 자신의 무능을 얼렁뚱땅 넘겨버리면서 감추려는 사람, 주위 사람들에게 진심으로 성실하게 대하지 않는 사람들은 얼마 가지 않아 외면을 당하기 십상이다.

미국, 유럽, 호주, 뉴질랜드의 글로벌 기업 6곳의 매니저급 직원 838명을 대상으로 '잠재능력이 높은 인재'와 '평균적인 보통의 인재'를 구분하는 특징을 알아보았다. 이 자료는 오늘날 많은 기업에서 경력사원을 채용할 때 판단의 핵심 포인트로 활용되고 있다.

① 끊임없이 학습 기회를 추구한다.
② 사려 깊게 생각하고, 성실하게 행동한다.

③ 문화의 차이에 빠르게 적응한다.

④ 변화를 일으키는 일에 적극 참여한다.

⑤ 광범위한 사업 지식을 축적하기 위해 노력한다.

⑥ 항상 긍정적인 태도로 일관한다.

⑦ 새로운 관점으로 사물을 바라보는 통찰력이 있다.

⑧ 위험을 감수하는 용기가 있다.

⑨ 피드백을 요구하고, 그것을 활용한다.

⑩ 실패로부터 학습한다.

⑪ 비판에 귀를 기울인다.

⑫ 새로운 도전에 주저함이 없다.

⑬ 원만한 인간관계로 주위 사람을 이끄는 리더십이 있다.

⑭ 어제보다 내일을 말하는 미래지향적인 태도를 고수한다.

⑮ 부하직원들이 능력을 최대한 드러낼 수 있게 돕는다.

결론적으로 30대는 현재의 능력과 지식에 만족하지 않고 끝없이 자신의 직무와 관련된 정보를 찾고 지식을 쌓아나가는 노력이 요구되는 시기다. 이렇게 공부하는 태도로 무장한 사람이 높게 평가받는다는 얘기다.

지금 당신은 그렇게 하고 있는가?

자서전을 써라

지난 삶을 돌아보며 반성문 같은 글을 쓰자!
잊고 있던 용기와 지혜를 끌어낼 수 있을 것이다.

올해 서른 살인 이시하라 나나미는 자동차회사 영업사원으로 일하고 있다. 4년 전에 인생 첫 직업으로 자동차를 판매하는 영업직을 택한 가장 큰 이유는 내성적인 성격을 고치고 싶었기 때문이다.

어려서부터 숫기가 없고 낯가림이 심해서 인간관계가 원활하지 않았는데, 이 일을 하면서 그런 성격이 많이 개선되었다. 그럼에도 여전히 고객 앞에 서면 말문이 막히거나 중요한 결정을 할 때 우왕좌왕하는 경우가 많아서 회사에서 일 좀 똑

세상이 30대에게 바라는 단 하나는?

부러지게 하라는 지적을 받는 일이 종종 있었다.

이시하라는 자신의 소극적인 성격을 뜯어고칠 방법을 고민했지만 도무지 길을 찾을 수 없었다. 그러던 어느 날, 문득 지난 30년 동안의 삶을 중간 결산해보는 의미에서 짧은 자서전을 써보면 어떨까 생각했다.

지금까지의 삶을 돌아보는 과정에서 성격은 물론이고 생활 태도와 비전까지 하나하나 재점검할 수 있지 않을까? 그것은 어떻게 보면 서른 살 이전의 삶을 결산하는 대차대조표라 할 수 있었다.

한참 시간이 흐른 지금, 자서전을 쓰기 위해 지난 삶을 돌이켜보니 반성과 후회를 불러일으키는 일도, 깨달음과 자극을 주는 일도 너무나 많았다. 열일곱 살 그때 왜 용기를 내지 못했을까? 스무 살 그때의 뼈아픈 기억을 왜 까맣게 잊고 있었을까? 스물다섯 살 때의 그 선택은 정말 잘한 일이었을까?

너무도 소심하고 나약해서 놓쳐버린 기회들이 셀 수 없이 많다는 사실에 저절로 한숨이 나왔다. 이대로 살아간다면 나머지 인생이 어떻게 전개될지 너무 뻔해서 가슴이 답답했다. 그러면서 알게 되었다. 내 삶을 살기 위해서는 위선이나 과장 없이 무조건 나 자신에게 정직해야 한다는 것을.

사실 자서전이랄 것도 없었다. 그냥 지난 삶을 찬찬히 돌아보며 반성문 같은 글을 썼을 뿐이다. 하지만 누구에게도 보이지 않을 글이기에 스스로를 마음껏 꾸짖고, 반성하고, 그러면서 다시 격려하고 응원할 수 있었다.

이시하라는 그 뒤 그렇게 정리된 '서른 살의 자서전'을 기회가 있을 때마다 들춰 보았다. 특히 자신의 성격에 실망할 때마다, 그리고 무슨 일을 하면서 주저하고 뒷걸음질칠 때마다, 아니면 새로운 계획을 세우며 용기를 끌어낼 필요가 있을 때마다 그것을 보며 자극을 받았다.

그렇게 지난날의 교훈들을 반추하다 보니 앞으로 어떻게 삶을 펼쳐나가야 할지 나에게 맞는 계획도 생기고, 자신감이 생겼다. 길은 자기 안에 있다고 했다. 그게 사실이었다. 앞으로의 인생을 꾸려나갈 지혜는 그녀의 가슴 안에 있었다.

자서전의 후속편은 앞으로도 계속 이어질 것이다. 거울을 보며 옷매무새를 고치듯이 자서전을 통해 삶을 들여다보며 용기를 끌어낼 것이다. 이제 '서른 살의 자서전'은 그녀에게 재산목록 1호가 되었다.

Chapter
2

도전하지 않는
30대에게
미래는 없다

"위대한 업적은 대개
커다란 위험을 감수한 결과이다."

_헤로도토스Herodotus, 고대 그리스의 역사가

30대에게 도전이 필요한 이유

30대에게는 왜 도전이 중요할까? 도전을 지속하면 그의 인생 앞에 기회가 찾아오기 때문이다. 과거에는 다음과 같은 논리가 일반적이었다.

"자기분석을 철저히 한 뒤에, 거기서부터 자신의 커리어를 어느 분야에 적용해나갈지를 생각하라."

그런데 미국 스탠퍼드대학의 교수이자 저명한 심리학자 존 크럼볼츠John Krumboltz는 '사회학습이론Social Learning Theory'에서 진로 결정 요인으로 이전까지 학습해온 경험이 매우 중요한 역할을 한다고 설명했다.

이 말은 과거에 학습된 경험이 현재는 물론이고 미래의 커리어 결정에 영향을 미친다는 뜻으로, 그만큼 커리어를 관리하는데 학습이 필수라는 것이다.

그는 '천 개의 성공을 부르는 작은 행동의 힘'에 대해 강조했는데, 이를 '계획된 우발성 이론Planned Happenstance Theory'이라고 부르면서 성공을 부르는 5가지 키워드로 정리했다.

① 호기심 : 좋아하는 일은 당신을 자극하고, 더 많은 호기심을 불러일으킨다. 따라서 흥미를 발견하기 위해 필요한 스킬을 배울 수 있는 일이 있다면 적극적으로 받아들여라!

② 지속 : 결과가 나올 때까지 계속해라. 지금 하는 일이 요구하는 것보다 더 많이 공부하고 대비하라. 집요함, 인내, 그리고 용기가 당신의 삶을 더 풍성하게 만든다.

③ 낙관 : 지금은 설령 눈앞이 캄캄한 상태라 해도 결승점이 터널 반대편에 있다는 낙관주의가 행운을 만들어낸다. 긍정하고, 또 긍정하는 삶을 유지하라.

④ 위험 감수 : 낡고 구태의연한 생각에 당당하게 맞서면서 실수하는 걸 두려워 마라! 실수 없이 배울 수 있는 것은 하나도 없으니, 차라리 실수와 뜨겁게 포옹하라.

⑤ 유연성 : 끊임없이 찾아오는 우발적인 사건들에 유연하게 대처
　　　하는 가운데 기회가 온다고 생각하라. 회복탄력성이
　　　높은 사람이 성공한다는 진리를 항상 가슴에 새겨라.

이 이론을 처음 접했을 때, 내가 그때까지 해왔던 일들을 모두 정당화해준 느낌이 들어 무척 기뻤다. 특히 다섯 번째 키워드인 '유연성'은 세상에서 성공자라 불리는 사람들 대부분이 현재의 일을 시작한 계기가 '아주 작은 우연으로', 또는 '우연히 만난 사람이 권해서'라고 대답하는 것에 부응한다. 위에 열거되는 5가지 키워드를 정리하자면 이런 얘기가 된다.

"자신의 삶 곳곳에서 일어나는 일에 호기심을 가지고 대하되, 낙관주의로 바라보며 집요하게 매달려라. 그러면서 언제 어디서든 나타나게 될 위험을 기꺼이 감수할 용기와 유연성을 항상 유지하라."

오늘날 기업의 중심축으로 일하면서 커리어 만족도가 높은 사람들은 30대 무렵에 회사의 신규 사업이나 그 계통의 프로젝트에 과감히 지원한 사람들이었다. 그들은 인재를 필요로 하는 곳에 자청해서 뛰어듦으로써 새로운 경험을 쌓고 여러 업무를 동시에 수행해야 하는 멀티태스킹 환경에 익숙해진 사람들이라 볼 수 있다.

그렇게 멀티태스킹으로 일하게 되면 두 명 이상의 관리자로부터 업무 지식을 배우는 기회를 자연스레 얻게 된다. 누구나 어렵게 느끼는 일을 수행하면서 능력을 키워서, 다른 사람들보다 유능한 인재가 되는 것이다.

이런 사람들은 설령 어떤 프로젝트에서 실패의 쓴잔을 맛봤다고 해도 경험이라는 훈장이 있으니 얻는 게 많을 수밖에 없다. 그렇기에 존 크럼볼츠 교수는 '하고 싶은 일이 있으면 고민하지 말고 당장 시작하라, 빨리 실패하라, 많이 실패하라'라고 말했던 것이다.

40대 이후에 경험이 부족한 일을 시작하면 체력적으로나 정신적으로나 매우 힘들다. 그러나 30대는 정신력도 체력도 충분하기 때문에 감당하기 힘들어 보이는 업무도 아주 빨리 단련이 가능하다.

30대가 하기에 아직 이른 일 따위는 비즈니스 세계에 하나도 없다. 부족한 것은 나이가 아니라 경험일 뿐이다. 경험은 행동하지 않으면 얻을 수 없다. 그렇기에 30대에는 무조건적인 행동이 필요한 것이다.

실패할 위험은 처음부터 존재하지 않는다

기업에서 강의를 하면서, 내가 서른 살 때 안정된 직장을 버리고 처자식과 함께 미국 유학을 떠난 일과 서른아홉에 독립을 감행한 일을 말하면, 그때마다 반드시 듣는 질문이 있다.

"그렇게 리스크를 자주 감수하다니, 실패하면 어떻게 될지 걱정되지 않았습니까?"

대부분의 30대들은 유난히 '리스크'라는 말에 얽매여 있는 것 같다. 인생의 황금기인 30대에 삶이 어디로 굴러갈지 모르는 위험한 선택을 하다니 두렵거나 걱정스럽지 않았는지 묻는 것이다.

그들은 미국 유학을 계기로 회사에서 자기 자리가 없어질 가능성이나 창업 후에 실패해서 생활이 곤궁해질 가능성에 대해서 '리스크'라는 용어를 사용한 것이리라.

직장인 사회에서는 회사로부터의 마이너스 평가, 전직이나 독립이 실패할 가능성 등을 통틀어 리스크라고 부르는데, 그런 일을 겪으면 자칫 인생 자체가 나락으로 굴러떨어져서 회복이 불가능한 인생으로 추락할지 모른다는 불안감이 그 속에 도사리고 있다.

그렇다면 30대인 당신에게 오늘의 리스크는 무엇인가? 업무적으로 실수해서 상사에게 야단을 맞는 일, 그로 인해 당신에 대한 평가가 추락하는 일 등이 리스크에 속할 것이다. 그런가 하면 연속적인 실적 악화로 위기감을 느끼거나 거래처나 고객으로부터 불신을 받고 있다면 이 또한 리스크에 해당할 것이다. 그런데 여기서 질문이 하나 있다.

'자신에게 리스크가 있다고 생각하는 사람은, 리스크가 높기 때문에 행동하지 않는 것일까?' 미국 스탠퍼드대학의 심리학자 로널드 하워드Ronald Howard는 의사결정에 관한 마음가짐 2가지에 대해 다음과 같이 말했다.

① 나쁜 결과를 초래할 수 있는 좋은 결정
자신이 좋다고 판단해서 실행을 결정하면, 나쁜 결과를 불러올 가능성이 있다는 점을 받아들여야 한다. 그런 마음가짐이 없는 의사결정 방식으로는 더 큰 기회를 잡을 수 없다.

② 단호한 결정과 헌신적인 실행
일단 의사결정을 하면 뒤돌아보지 말고 실행한다. 이런 태도로 일하는 사람이 성공할 가능성은 더 높다.

한마디로 말해서 무엇이 올바르고, 무엇이 확실한지 알 수 없는 불확실한 상황에서는 정확한 의사결정과 실제적인 결과를 나누어 생각하라는 충고다.

시작부터 리스크라고 생각해서 아예 행동하지 않거나 리스크가 예상되어도 각오를 다지고 행동하여 마침내 해내거나, 어느 쪽을 선택할지는 당신의 자유다. 그러나 제대로 일하는 30대는 예외 없이 후자다. 당신은 어떤 편인가?

리스크의 사례로, 실수로 인해 자신에 대한 평가가 추락하는 것을 두려워하는 경우를 들었는데, 사실 회사는 30대를 대상으로 실패할지 말지를 대놓고 평가하지는 않는다. 무슨 말인가 하면, 회사는 30대의 실패에 관대하게 대할 준비가 되어 있다는 뜻이다.

왜냐하면 회사가 직원을 판단할 때의 기준은, 20대에 대해서는 '장래를 지켜볼 만한 인재'인가 아닌가이고, 30대에 대해서는 '시험해볼 만한 인재'인가 아닌가이기 때문이다.

20대는 아무리 뛰어나 능력을 가졌다고 해도 아직은 주목해볼 단계이지 뭔가 대단한 한 방을 터뜨릴 인재라고는 보지 않는다. 설령 그런 일이 있더라도 가능성의 확장을 지켜본다.

이에 비해 30대는 그간의 경험과 업무 지식을 바탕으로 성장 가능성에 대해 시험해보는 단계이기 때문에 회사가 이미 실패에 대한 대비를 해놓고 있다고 봐야 한다. 실패하지 않으면 다행이지만, 실패의 가능성도 열어놓고 있다는 얘기다.

그렇다면 회사는 30대에게 무엇을 시험하는 것일까? 그 답은 바로 스스로 일을 만들어낼 가능성을 지닌 사람인지, 아닌지 여부다. 20대까지는 회사가 시키는 일만 잘해도 문제가 없었지만 30대부터는 독립적인 존재가 되어 스스로 일을 찾아내고 성공시켜야 한다는 뜻이다.

만약 30대임에도 불구하고 그간의 경험의 울타리 안에 계속 갇혀 있으면 단순히 시키는 일만 하는 사람이라는 말을 듣게 될 것이다. 한마디로 창조적인 인간이 아니라는 낙인이 찍히는 것이다. 30대에 벌써 이런 말을 듣기 시작한다면 앞으로의 사회생활은 보나마나다.

회사는 30대인 당신이 아무리 실패를 했다 하더라도 그런 결과보다는 무엇을 하려고 했고, 어떻게 했는지를 본다. 당신이 도전 과정에서 실질적으로 얻어낸 것이 많을 것이라고 믿기 때문이다. 따라서 이렇게 말할 수 있다.

"리스크라고 생각되면 아예 행동하지 않는 식으로 선택을 하면 다른 사람들에게 이용당할 가능성만 축적한 채로 당신의 30대 커리어는 끝나게 된다."

실패하면 목숨이라도 빼앗기는가? 설령 도전했다가 실패

하더라도 원래 자리로 돌아갈 뿐이다. 발명왕 에디슨은 '실패왕'이기도 했다. 그는 전구에 사용할 필라멘트를 찾기 위해 몇 년에 걸쳐 수백 가지 물질들을 가지고 실험했고, 그때마다 실패했다. 그러면 그는 이렇게 말했다고 한다.

"또 실패했군. 하지만 해서는 안 되는 이유를 또 하나 알게 되었군."

그러던 어느 날 에디슨은 공기 중에서 면사를 가열하면 얇은 두께의 순수한 탄소만 남는다는 걸 알게 되었다. 그 뒤, 탄소 필라멘트를 공기가 없는 유리구 안에서 전선과 연결했는데 다른 전구보다 여러 시간이나 더 오래 사용할 수 있다는 사실을 발견했다.

만약 에디슨이 수백 번의 실패에 염증과 두려움을 느끼고 실험을 포기했다면, 인류가 전구를 사용하는 일은 훨씬 더 늦어졌을지 모른다.

결론은, 당신이 염두에 두고 있는 리스크는 머릿속에서 멋대로 지어낸 환상에 지나지 않는다는 것이다. 대부분의 실패자들이 그렇듯이 실패에 대한 두려움이 그런 환상을 지어냈고, 그 때문에 더욱 절망스러운 나날이 이어지게 된 것이다. 30대가 이래서는 미래가 없다. 당신은 어떤 편인가?

사업계획서를 만들어라

자기 사업을 앞두고 있다는 마음으로 오늘을 살자!
세상을 보는 눈이 예전보다 훨씬 조심스러워진다.

올해 서른다섯 살인 나카타니 키타마는 무역회사 회계팀장
으로 일하고 있다. 회계라는 게 본래 까다로운 업무라지만 대
학을 나와 10년째 이 일에 종사하는 그에게 그 일은 무척 단
순해서 때로는 무료하기까지 했다.

그래서일까? 언젠가부터 이런 생활을 얼마나 지속해야 할
지 의문이 생기기 시작했다. 적어도 앞으로 20년은 이렇게
살아야 할 것이다. 20년 뒤라면 고작 55세인데, 그 이후의 삶
은 어떻게 할 것인가?

그때를 대비해서라도 뭔가 준비를 해야 한다고 생각했다. 인생의 절반쯤 달려온 지금이야말로 자신을 점검할 때였다. 그런데 대체 무엇을 점검하고 준비한단 말인가? 여태까지 숫자에만 매몰되어 살아왔기 때문에 다른 분야는 아는 게 별로 없었다.

그래도 한 가지 일을 시도해보기로 결심했다. 그것은 언젠가 퇴직을 해서 작은 사업을 한다는 가정 아래 사업계획서를 만들어보는 일이었다.

그런데 막상 사업 구상을 하려니 문제가 한둘이 아니었다. 무슨 사업을 어떤 규모로 할지 전혀 감이 잡히지 않았다. 사업계획서는 사업 종목과 내용, 비즈니스 전망, 그 모든 것을 위한 시장조사가 필수인데 엄두가 나지 않았다.

그는 우선 자신의 재능과 지식으로 해낼 수 있는 사업 종목을 알아보기 위해 시장조사부터 해나갔다. 시장조사라고 해봤자 그리 거창할 건 없었다. 취향과 능력에 맞는 일을 찾기 위해 경제 신문이나 인터넷을 통해 요즘 무슨 사업이 잘나가는지 알아보고, 해당되는 점포들을 순례했다.

그러다 점점 대상을 좁혀나갔다. 자신의 능력으로는 서비스를 제공하는 자영업이 낫겠다고 판단하고, 식당이나 카페

같은 가게들에 초점을 맞춰 조사를 해나갔다.

이러다 보니 사업계획서를 작성하는 일이 의외로 재미있었다. 사람들은 누구나 언젠가는 자기만의 비즈니스를 해보기를 원한다. 그래서 마음속으로 막연하게나마 사업 계획을 상상해보곤 한다. 하지만 과연 얼마나 되는 사람들이 현실에서 이런 소망을 실현할까?

분명한 것은, 사업계획서를 만들면서 세상을 보는 눈이 예전보다 훨씬 넓어졌다는 것이다. 사업계획서를 여러 차례 수정하는 과정은 나카타니에게 자신의 능력을 돌아보는 계기도 되었다.

더 중요한 것은, 이전에는 자신과 전혀 상관없는 것으로 여겼던 많은 일들에 관심이 생겼다는 것이었다. 사업계획서가 그와 세상을 연결하는 통로 역할을 했던 것이다.

이 일을 계기로 그는 권태로운 나날이었던 지난날보다 훨씬 활기찬 사람이 되었다. 마음속에 확고한 꿈이 자라기 때문이었고, 오늘의 현실에 충실한 것이 미래를 위한 사업계획서에서 첫 번째 필요조건임을 알았기 때문이다.

나의 시장가치는
얼마나 될까?

"나는 모든 손가락을 모아 주먹을 쥐듯이 열정을 한데 모았다.
오늘날엔 의욕이란 적극적으로 나아가는 것이라 생각하지만,
당시에는 그 자체가 목적인 줄 알았다."

_베티 데이비스Bette Davis, 미국의 배우

상품가치가 높다는 말의 진짜 의미

전직을 생각한 적이 있거나 커리어 디자인에 관심을 갖고 공부하는 사람이라면 자신의 '시장가치'가 얼마인지에 대해 고민해봤을 것이다.

　예를 들어 당신이 회사 밖의 사람들로부터 '이 일을 당신에게 맡기면 문제없을 것 같다'는 말을 듣는다면, 하나의 상품으로 당신이 받을 수 있는 시장가치가 높다는 뜻이 된다. 반대로 사람들이 당신에게 일을 맡기기는커녕 외면한다면, 당신은 자신의 시장가치를 심각하게 고민해봐야 할 것이다.

한마디로 말해서 시장가치는 회사 밖의 사람들이 당신을 평가하는 냉정한 값어치를 말한다. 문제는, 자신의 '회사 내 가치'와 '바깥의 가치시장가치'에 대해 착각하는 사람들이 의외로 많다는 사실이다.

전직이나 이직을 할 때 새로운 회사가 자신에 대해 올바로 평가해주지 않는다고 불평하는 사람들이 있다. 이들은 안타깝게도 시장가치라는 말은 물론이고 자신의 상품가치에 대해 올바르게 이해하지 못했다고 말할 수밖에 없다.

나의 시장가치란, 사회라는 공개된 시장에서 남들과 비교해보았을 때 나는 얼마짜리 인간인가에 대한 타인의 평가다. 그것은 자신의 경험을 바탕으로 다른 사람과 어떤 점에서 구별되는 성과를 올릴 수 있는지 판단하는 차별화 포인트와 그간의 경험과 학습으로부터 이끌어낸 강점에 대해 얼마나 이해하고 있는지를 나타낸다.

그러니 이 시점에서 당신의 시장가치에 대해 냉정하게 돌아보기 바란다. 30대에 이런 식의 자기평가가 충실하게 이루어진 사람은 그렇지 않은 사람들보다 훨씬 앞서갈 수 있다.

원래 마케팅 용어인 '차별화'는 자사 제품을 경쟁회사의 상품과 비교할 때 기능이나 서비스 측면에서 어떤 차이를 보이나에 관한 개념으로, 이를 통해 시장에서 부가가치와 우위성을 찾게 된다. 미국의 마케팅 전문가 세스 고딘Seth Godin은 이 차이점을 '리마커블remarkable'이라고 불렀다. 이 단어는 '범상치 않다', '주목할 만하다', '괄목할 만하다' 등의 의미를 갖고 있다. 이렇게 물을 수 있다.

"당신은 다른 사람들과 비교했을 때 얼마나 괄목할 만한 존재인가? 나아가 당신의 시장가치를 높이기 위해서는 무엇을 차별화 포인트로 삼으면 좋겠는가?"

예를 들어 같은 업종에서 이직하는 경우 A는 대기업에서, B는 중소 벤처기업에서 일한다면 누가 더 시장가치를 높게 평가받을까? 강의 중에 이런 문제를 던지면 십중팔구는 대기업 출신이라고 대답하지만 결코 그렇지 않다.

대기업 출신인 경우 그가 속한 회사의 브랜드 가치는 당연히 눈에 띄겠지만, 그 사람 자체의 가치에 대한 평가에서는 중소기업 출신보다 훨씬 낮은 평가를 받을 가능성이 높다. 물론 대기업에서 배운 경험과 지식도 매우 중요한 자산이지만, 그것만으로 시장가치가 올라가지 않는 것이 현실이다.

내가 일하는 분야인 컨설턴트 분야로 설명을 해보겠다. 대기업 IT 컨설턴트의 표준적인 역할은 고객의 시스템 환경을 분석하고 새로운 시스템을 제안하는 것이다.

하지만 중소기업이나 벤처기업의 IT 컨설턴트는 전혀 다르다. 이들은 고객의 환경을 분석해서 '새로운 시스템 제안 ⋯▸ 새로운 시스템 도입 및 구축 ⋯▸ 문제에 대한 대응과 최종적인 검수 ⋯▸ A/S 서비스' 등의 과정을 밟는다.

무슨 뜻인가 하면, 현장에서의 직접적인 경험의 차이가 시장가치를 높이는 차별화의 포인트인데, 대기업 출신들은 바로 이 부분에서 경험이 부족하다는 얘기다.

세계적 명성의 일본 통신기 생산업체 유니덴Uniden에서는 엔지니어들 모두가 자신의 제품이라 부르는 것들을 가지고 있다. 그들은 엔지니어로서 단순히 제품을 설계하는 것만이 아니라 '제품 설계 ⋯▸ 샘플 제작 ⋯▸ 오류 제거 ⋯▸ 양산화 ⋯▸ 고객 납품 ⋯▸ 보수나 설계 변경에 대응'의 과정을 밟는다.

설계부터 제작과 판매 과정에 참여하면서 자신의 존재감을 표할 수 있기 때문에 유니덴의 엔지니어들은 '이것이 내가 만든 제품!'이라고 자신 있게 말할 수 있는 것이다.

상황이 이러니 유니덴 출신 엔지니어들의 시장가치는 대단히 높아져, 헤드헌터들을 앞세워 스카우트하려는 회사들이 엄청 많다. 그럼에도 불구하고 유니덴 엔지니어들의 이직률은 매우 낮은데, 왜냐하면 유니덴 같은 업무 방식과 환경을 다른 기업에서는 흉내조차 낼 수 없기 때문이다.

특히 유니덴에서 내가 주목하는 점은, 회사가 엔지니어들에게 멀티플레이어 역할을 요구한다는 점이다. 대부분의 기업들이 철저한 역할 분담을 통해 효율을 이끌어내는 데 반해서 유니덴은 장르를 넘나드는 다양한 역할을 요구한다.

나는 바로 이 때문에 유니덴 출신 엔지니어들이 리마커블한 존재가 된다고 생각한다. 단순히 다재다능한 인재를 양성하는 것이 아니라 직원들로 하여금 변화무쌍한 기업 환경에 스스로 뛰어들어 자기주도적으로 대응할 수 있는 능력을 갖게 하기 때문이다.

그럼에도 여전히 대기업 출신인 사람들 중에는 이런 트렌드를 이해하지 못하고 출신 기업의 이름만으로 승부하려는 경우가 많은데, 자신의 시장가치를 기업의 브랜드 가치와 동일시하는 태도는 큰 착각임을 알아야 한다.

무모하게 도전할 수 있는 마지막 기회

30대에게 자기 삶에 주어진 과제에 적극적으로 도전하라고 말하면 30대는 20대 시절과는 근본적으로 다르다며 이의를 제기하는 사람들이 있다. 그들은 30대는 도전을 지속하되 간신히 구축한 터전을 지켜나가는 태도가 필요하다고 말한다.

사실 그 말도 틀린 것은 아니다. 논어에서는 40세를 가리켜 '불혹不惑'이라고 했다. 40세가 되어서도 딱 부러지게 자기 세상을 마련하지 못하고 이리저리 흔들린다면 당연히 세상의 중심에서 멀어진다는 의미다.

하지만 30대까지는 조금 무모한 짓을 해도 사람들이 철이 없다고 손가락질을 하기보다는 거기서 파생되는 가능성에 방점을 찍고 일단 용인을 해준다. 그렇기에 젊은 혈기를 사용할 수 있는 최후의 시기인 30대에는 가급적 도전해야 한다.

30대까지 무모한 일탈과 파격으로 자기 삶을 의미 없이 소모하라는 뜻이 아니다. 도전을 계획하고 그로 인한 결과를 40대 이후의 삶과 연결 지어 생각하라는 것이다.

앞서 말한 계획된 우발성 이론의 5가지 키워드 중에서 네 번째 조건인 '위험 감수'에 대해 다시 말해보자. 처음 스키나 스노보드를 탈 때는 몇 번이나 넘어지는 우여곡절을 겪고 나서야 넘어지지 않는 법을 익힌다.

그런데 여기서 주목할 점이 있다. 실력이 향상되면 자연히 넘어지는 횟수가 줄어드는데, 이 단계에서 속도를 내지 않고 그냥 넘어지지 않고 타는 데에만 만족하면 실력은 절대 늘지 않는다. 성장이 멈추고 마는 것이다.

30대가 되면 어느 정도 업무에 익숙해지고 지금까지와 같은 내용이나 같은 방법을 반복하면서 실수도 줄어들고 회사로부터 야단을 맞거나 책임질 일도 적어질 수 있다.

그러나 그런 환경에 줄곧 안주하면 더 이상의 진보는 없다. 다람쥐처럼 자기만의 영역 안에서 열심히 쳇바퀴를 돌리게 될 뿐이다. 오직 실패와 좌절을 두려워하지 않는 사람만이 다음 단계로 올라갈 수 있다는 얘기다.

이제 지금까지 해본 적이 없는 일에 뛰어들어라. 아무리 과녁이 멀어 보여도 과감히 활시위를 당겨라. 만약 실패했다면, 에디슨처럼 실패의 이유 하나를 더 알았을 뿐이다.

30대는 자기 능력을 극대화하기 위해 적극적으로 도전하면서 계속 넘어져봐야 하는 시기다. 이런 경험은 40대 이후에는 결코 할 수 없음을 항상 기억해라.

삶을 Level-Up하라

상투적인 삶에서 과감히 벗어나
나의 가슴을 뛰게 만들 무언가를 찾자.

대기업 인사관리부서에서 과장으로 근무하는 사이토 유미는
올해 서른일곱 살로, 한참 잘 나가는 커리어우먼이다.

분명히 그랬다. 스물세 살 때 대학을 졸업하고 곧바로 이
회사에 입사해서 8년 만인 서른두 살 때 최연소 과장이 되었
으니 남들보다 적어도 3, 4년은 앞서가는 셈이었다.

타고난 업무 감각과 엄청난 노력, 그리고 남다른 열정으로
항상 최고가 되려고 뛰어온 그녀에게는 어쩌면 당연한 결과
였다. 동료들은 공공연히 그녀가 조만간 인사부장으로 발탁

될 것이며, 얼마 안 있어 최연소 임원이 될 거라고 말했다. 결혼도 미루고 여기까지 달려온 그녀의 앞에는 눈부신 미래만이 펼쳐져 있는 것 같았다.

하지만 그게 최선일까? 언젠가부터 이런 물음을 가슴에 품고 살면서 그녀는 알 수 없는 갈증에 시달렸다. 삶에서 뭔가가 빠져 있다는 상실감이 그녀를 못살게 굴었다.

자꾸만 틀에 박힌 듯이 진부해지는 일상, 다람쥐 쳇바퀴 돌듯 반복되는 일상의 무미건조함이 그녀의 삶에서 가차 없이 생기를 빼앗아가고 있었다.

일에 떠밀려 정신없이 살아가는 지금, 이대로 가다가는 '회사 인간'이 되어 바짝 말라버린 나무토막 같은 삶으로 전락할게 뻔했다.

그렇다고 회사 업무에 권태를 느끼는 건 아니었다. 하지만 회사가 그녀의 삶에 궁극적인 답이 아니라는 건 분명했다. 회사는 풍요로운 삶을 제공하는 수단에 지나지 않는다는 사실을, 따라서 회사와 자기 삶의 완벽한 병립이 필요하다는 사실을 진즉 깨달았어야 했다.

오랜 고민 끝에, 그녀는 지금의 삶보다 한 단계 '레벨 업

Level-Up'된 생활이 필요하다는 결론에 이르렀다. 삶을 일에만 국한해서 생각하지 않고, 인생 전체의 성공을 위한 뭔가를 찾아야 했다.

그녀는 즉시 행동으로 옮겼다. 일단은 대학원에 진학하여 어려서부터의 꿈인 그림 공부를 하기로 했다. 이와 함께 문화예술 방면의 감각을 회복하고 어린 시절의 감성을 되찾기 위해 관련 교육기관이나 동호회를 알아보았다.

삶의 질을 현재의 수준에서 한 단계 올려보겠다는 결심으로 그녀가 얻으려는 것은 단순히 돈벌이나 일의 성취에 만족하는 삶이 아니었다. 인생 자체를 풍요롭게 하는 무엇이었다.

오로지 회사와 일에만 목을 매는 게 아니라 삶에 윤기가 흐르도록 하는 것이었다. 그런 목표를 세운 것만으로도 그녀는 오랜 목마름이 풀리는 느낌이 들었다.

Chapter

4

....

당신은
유일무이한
존재인가?

"다른 사람들이 할 수 있거나 할 일을 하지 말고,
다른 이들이 할 수 없고 하지 않을 일들을 하라."

_아멜리아 에어하트Amelia Earhart, 미국의 여성 비행사

시장가치가 높은 사람들은 어떻게 행동하나?

사람은 누구나 지금보다 더 나은 미래를 꿈꾼다. 직장인이라면 현재 회사보다 근무 환경이 더 좋은 곳에서 마음껏 꿈을 펼치고 싶고, 내 능력과 실적에 걸맞는 대우도 받고 싶어 한다.

그러나 시장에서 높은 평가를 받는 사람들은 다르다. 그들의 공통점은 전직이나 창업을 아예 꿈꾸지도 않을 만큼 출세 지향적이지 않다는 것이다. 하지만 항상 도전하는 자세로 자기 분야에서 경험과 스킬의 폭을 적극적으로 넓혀가는 과정을 밟기에 결과적으로 그들의 상품가치는 계속 높아져만 간다.

나는 이런 사람을 여럿 알고 있는데, 그중에서 아주 인상 깊은 사례가 하나 있다. A씨는 대학 졸업 후에 대기업인 전자제품 생산회사에 들어가 기계설계 분야에서 일했다.

그러다 전기나 제어, 소프트웨어 같은 인접 분야의 지식도 필요해지자 관련 책자를 닥치는 대로 섭렵하고, 선배들의 스킬을 어깨너머로 독학했다.

하나를 알면 그 다음도 알고 싶어 하는 성격 덕분에, 그는 생산 공정의 여러 분야에 대한 경험과 지식을 쌓아나가면서 생산관리, 원가 결산 같은 분야도 공부했다.

직장인으로서 이렇게까지 하는 것만으로도 대단한 일인데, A씨는 여기서 멈추지 않았다. 최첨단 기술을 소개하는 외국 잡지도 섭렵했는데, 외국 잡지를 들여다보려면 외국어 실력은 필수이니 덤으로 영어와 독일어 공부까지 병행했다고 한다. 여기에 장래에 더 많은 책임을 맡게 되면 경영 관리 지식까지 필요할 것으로 예상해서 이 또한 공부를 해두었다.

하지만 자기 분야에서 최고가 되려는 그의 노력은 엉뚱한 곳에서 부딪치고 말았다. 입사 동기 중에 본사의 경영진 옆에서 근무하던 동기가 부장으로 승진한 반면에 그는 엉뚱한 짓 좀 그만하라는 타박을 받았던 것이다.

이에 A씨는 자신의 노력을 알아주지 않는 회사에서는 희망이 없다고 판단하고 당장 전직을 결행했다. 그는 이전 기업보다 규모가 훨씬 작은 전자부품 회사로, 기술직이 아니라 영업직으로의 전직을 선택했다. 그동안 쌓은 지식을 현장에서 온몸으로 부딪쳐가며 적용해보고 싶었던 것이다.

그는 이직 즉시 대만에 지사를 설립하는 프로젝트에 참여하게 되었고, 그때부터 그동안 쏟았던 열의와 노력이 본격적으로 꽃피기 시작했다.

대만에서 영업 활동을 하기 위해서는 현지인들과 네트워크를 만들어야 한다는 이야기를 듣고 경영 대학원에 진학하여 인맥을 쌓는 한편, 경영 관리 기법도 착실히 익혔다.

3년 뒤, 그는 본사 경영진이 깜짝 놀랄 정도로 기대 이상의 큰 성공을 거두어 귀국했고, 대대적인 연봉 인상은 물론이고 본사의 임원으로 승진하게 되었다.

이 사례에서 배울 수 있는 사실은 당신이 현재 일하는 회사가 대기업이든 중소기업이든 '성장'이라는 개념을 놓고 보면 전혀 문제될 게 없다는 점이다. 현재 놓여 있는 환경보다는 무엇을 하려고 하는지, 목표와 방향성이 더 중요하다는 얘기다.

중소기업에 다니거나 소규모 자영업에 종사하는 30대들은 머릿속에 대기업에 대한 환상이 있어서 그런 곳에서 일하는 사람들을 부러움의 대상으로 보는 경향이 많다.

물론 대기업에서 근무하면 세상을 보다 큰 그림으로 바라볼 수 있다는 큰 장점이 있지만, 내가 보기엔 바로 그 점이 40대 이후에 커다란 단점이 될 수도 있다. 엄청난 규모의 조직에서 하나의 일에만 매달려온 결과, 그 사람은 그것 말고는 맥을 못 추는 사람이 될 수 있기 때문이다.

여기서 문제가 되는 것이 '멀티펑션multi-function'의 능력이다. 기계학에서 시작되어 지금은 거의 모든 분야에서 통용되는 이 말은 해석하자면, '다기능'이라는 뜻이다.

어디에 있더라도 남들이 하지 않는 것, 새로운 분야, 새로운 트렌드를 이끌만한 '다기능'적인 존재로 일하는 사람이 바로 리마커블한 존재다.

다시 한번 강조하지만 지금 어디에서 무엇을 하고 있는지는 중요하지 않다. 30대인 당신이 지금 할 일은 좀 더 건강하고 풍요로운 미래를 위해 스스로를 다기능적인 존재로 만들어나가는 일이다. 당신의 도전은 바로 여기로 모아져야 한다.

온리원 전략은 30대에만 공략이 가능하다

자기 분야의 전문성을 최대한 높이더라도 그것만으로 상품 가치가 극대화되는 것은 아니다. 변호사나 회계사 같이 법률이나 회계에 대한 전문성을 익혀야만 하는 직업조차도 이제는 그것만으로 먹고살 수 없는 시대가 되었다.

전문성은 필수이고 거기에 제2, 제3의 인접 분야 스킬과 지식을 습득해서 이것들의 조합할 수 있어야 한다.

프로 운동선수나 예술가들은 자기 분야에서 뛰어난 재능을 쌓기 위해 매일 연습에 몰두한다. 그리하여 연습의 결과를 발휘할 만한 자리에 서면 그동안의 훈련 성과를 한껏 발산한다. 커리어로 말하면, 이를 '넘버원number-one' 전략이라고 한다.

하지만 일반인들 중에서 이 전략에 따라 살아갈 수 있는 사람은 손으로 꼽을 수 있을 정도밖에 안 된다. 특히 직장인 사회에서는 전문 분야에서 연구개발을 전담하는 경우가 아닌 이상 활동 범위가 제한된 특정 분야의 스킬이나 지식을 아무리 높인다 해도 다른 사람들과 차별화를 이루기가 대단히 어렵다.

어느 글로벌 전자회사에서 계열사를 망라한 200여 명의 회계팀 사원들을 대상으로 '회계 담당 임원으로 성공하기 위해서는 무엇이 제일 필요한가?'라는 질문을 던지고 답을 알아보았다. 그 결과가 매우 흥미로웠는데, 조사에 들어가기 전 회계 담당 임원에게 다음 4가지 요소가 필요하다고 생각하고 설문조사에 들어갔었다. 말하자면 예상 답안지였다.

① 회계, 세무, 감사의 전문지식
② 결산이나 감사보고를 하기 위한 팀의 통솔력
③ 수치 파악 능력
④ 주주나 경영자를 설득하기 위한 프레젠테이션 능력

어느 조항이든 전부 타당한 요소로 보였지만, 조사 결과 위에 열거한 4가지는 회계 담당 임원에게 요구되는 차별화 요인이 아니었다. 직원들이 뽑은 진정한 차별화 요인은 다음의 2가지였다.

① 경영진과 인간적으로 훌륭하게 소통하는 능력
② 회사의 결정 사항과 회계팀의 희망 사항을 능숙하게 중재하는 체제 구축 능력

앞서 말했듯이 회계사라도 단순히 숫자를 들여다보며 회계 지식을 자랑하는 것만으로는 차별화될 수 없다. 전문 스킬

에 또 다른 요인을 더하고, 이것들을 바탕으로 자기만의 강점을 만들어내야 한다. 이것이 바로 차별화 전략이고 진정한 '온리원only-one 전략'이라고 할 수 있다.

여기서 말하는 온리원 전략은 오직 자기만이 구사할 수 있는 리마커블한 전략으로, 이런 능력이 있는 사람만이 회계 담당 임원이 될 수 있다는 얘기다.

문제는, 온리원 전략을 준비하고 연습하는 것은 30대까지에만 가능하다는 점이다. 눈앞에 펼쳐진 일을 해내는 것만으로도 정신이 없는 20대에는 너무 이르고, 40대에는 이미 늦어버리기 때문이다. 즉, 대기업 임원이 되기 위한 준비는 30대에 본격적으로 시작해야 한다는 얘기다.

당신은 지금 준비하고 있는가?

미래에 대비한 특별한
소질을 계발하라

살아온 날보다 훨씬 많은 날들이 기다리고 있다!
만약에 사태에 대비한 나름의 준비를 해두자.

얼마 전 서른네 번째 생일을 보낸 직장인 쿠니모토 나타니는
거울 속으로 보이는 자신의 탄탄한 어깨 근육을 보며 빙긋
웃었다. 20대 때의 병약한 체력에 비한다면 기적과 같았다.

　서른 살이 되었을 때, 그는 허약한 모습에서 탈피해 강한
남자로 다시 태어나고 싶었다. 처음에는 헬스클럽에 나가 열
심히 운동하는 방법을 떠올렸지만, 그보다는 건강은 물론이
고 인생에도 도움이 되는 생산적인 일을 하고 싶었다.

그래서 선택한 것이 중장비기사 자격증 취득이었다. 여태까지는 정신노동을 하는 생활을 해왔지만 이제부터 온몸을 사용하는 육체노동을 통해 체력을 단련하고 싶었다.

그는 당장 중장비학원에 등록을 하고 소정 기간의 교육을 받은 다음에 자격증을 취득했다. 그가 선택한 분야는 땅을 파거나 깎을 때 사용되는 건설기계인 굴삭기였다. 그는 직장생활을 계속하면서 주말이나 휴일에 틈틈이 건설 현장에서 아르바이트를 할 계획이었다.

면허를 따자마자 일이 들어온 건 아니었다. 아무 경험도 없는 그에게 일을 맡길 회사는 없었다. 그래서 시간이 날 때마다 구인 구직 사이트를 들락거리고, 건설 현장을 돌아다니며 명함을 뿌렸다.

그렇다고 직장생활을 소홀히 한 건 아니었다. 어디까지나 직장이 먼저이고, 지금 회사에서 하는 일이 좋았기에 모든 것은 회사 업무가 우선이었다. 더구나 회사원이 다른 일로 돈벌이를 하고 있다면 눈총을 받을 게 뻔하기에 한동안 비밀로 했다.

그렇게 3개월쯤 지났을 때 작은 건설 현장에서 연락이 왔고, 그 일을 시작으로 지금까지 4년 동안 주말이나 휴일에는 크고 작은 건설 현장에 나가 아르바이트를 하고 있다.

워낙 성실한 사람이라 단순히 맡겨진 일만이 아니라 건설 현장의 잡다한 일까지 두루 도와주다 보니 어느새 현장 감독들의 신임을 얻어 계속 아르바이트 자리를 얻을 수 있었다. 어떤 감독은 정규직 채용을 권유할 정도였다.

만족도는 꽤 높은 편이다. 좀 과장해서 말한다면 뼈만 앙상했던 지난날에 비해 지금의 그는 건강은 물론이고 마음의 여유까지 덩달아 생겼다.

직장생활을 하면서 받는 것 가외로 돈을 벌 수 있다는 것도 큰 장점이지만, 그보다 더 중요한 점이 있었다. 이 일이 미래를 위한 보험과 같은 역할을 한다는 것이었다.

30대 이후의 삶에 대한 대비랄까? 당장 직장생활을 그만두고 이 길로 나갈 생각은 없지만, 지금까지 살아온 날보다 훨씬 더 많은 날들이 기다리고 있으니 미래의 어느 날 혹시 닥칠지 모르는 만약의 사태에 대비할 필요가 있다고 생각했다. 30대 때의 멋진 선택을 통해 미래 인생을 위한 자산을 축적하고 있다는 충만감이 그를 기쁘게 했다.

Q. 세상이 30대에게 바라는
단 하나의 것은?

당신이 그려온 궤적이 곧 당신이다
진짜 도전은 자기 확립에서 시작된다
33세까지는 자신에 대한 이해를 끝내라
30대는 꿈을 이루는 시기가 아니다

....

2장

새로운 삶으로 뛰어들 준비가 되었는가?

당신이 그려온
궤적이
곧 당신이다

"주여, 제가 이룬 것보다
항상 더 많이 갈망하게 하소서."

_미켈란젤로Michelangelo, 르네상스 시대 이탈리아의 예술가

기업이 싫어하는 사람들의 공통점

지금까지 나는 벤처기업의 사외이사 겸 감사 역, 글로벌 기업의 컨설턴트 및 인사 담당자 등을 역임하면서 신입사원과 경력사원의 채용에 깊이 관여해왔다.

그때마다 수많은 대기업 출신 30, 40대들이 새로운 회사에서 일하기 위해 면접을 보러온 경우를 봐왔다. 그들은 너나없이 굉장한 자부심을 드러내며 무슨 일이든 자신이 있다는 표정으로 내 앞에 서곤 했다.

그중에는 자기와 같은 화려한 경력을 가진 사람이 채용되는 것은 당연하지 않냐며 무척이나 까다로운 입사 조건을 제시하는 사람도 있었다.

그들이 하나같이 내세우는 게 있었다. 대기업 출신인 자신은 벤처기업이나 중소기업에서 일한 사람들로서는 알 수 없는 고효율의 직무 방식과 시스템을 잘 알고 있으니 훨씬 우월하다는 자부심이었다.

대기업의 업무 방식은 조직적으로 돌아가는 거대한 시스템에 나를 적용해서 일하는 것이다. 한마디로 수없이 많은 톱니바퀴의 하나가 되어 거대한 조직을 작동시키는 것이다.

하지만 그들이 모르는 게 있다. 벤처기업이나 중소기업에서는 아무것도 없는 원점에서부터 구상을 하고 온몸을 던져 실행하지 않으면 안 되는 업무가 압도적으로 많다는 점이다.

게다가 혼자서 감당해내지 않으면 안 되는 일이 많고, 계약직이나 아르바이트생들을 데리고 그들의 시행착오를 온몸으로 감당해내며 일을 해내지 않으면 안 되는 때도 있다.

나름 역사가 있는 기업이라면 규모는 작더라도 시스템이 완성되어 있을 수 있지만 현재의 트렌드에 맞추지 못해서 시행착오가 생기기도 한다.

사실 벤처기업이나 중소기업으로 옮기려는 대기업 출신의 사람들 대부분은 이런 환경에 매력을 느끼는 것 같다. 그간의 업무 경험과 스펙을 통해 능력을 발휘하면 아무리 새로운 환경이라도 충분히 헤쳐나갈 수 있으리라고 보는 것이다.

그러나 대기업 출신 30, 40대에게는 안타깝게도 불합격했다는 연락이 가는 경우가 더 많다. 채용하는 입장에서는 틀림없이 이곳에 적합하지 않다는 판단을 내린 것이리라. 내가 보기에 불합격 통지를 받는 사람들에게는 공통적으로 나타나는 특징이 있다. 대기업 출신이 아니더라도 이직에 몇 차례 실패했다면 참고가 될 만한 내용이니 참고하기 바란다.

1. 공부 습관이 없다

공부 습관의 중요성에 대해서는 앞서 말한 그대로다. 면접장에서 다음과 같이 서슴없이 발언하는 사람에게는 학습하는 습관은 물론이고 업무 능력에도 의문을 가지게 된다.

"지금 일하고 있는 분야 이외에는 잘 모릅니다."

"지금까지 영업만 했기 때문에 타 분야는 모릅니다."

"외국어 울렁증이 있어서 영어는……."

이런 말을 하는 사람은 과거에 익힌 스킬이나 능력에 안주해서 자신의 안전지대 밖으로 나올 생각이 없어 보이기에 더 얘기해볼 필요 없이 낙제다. 당신이 이런 30대라면 다른 사

람들처럼 성공하지 못한다고 투덜대기만 할 게 아니라 자기
계발을 위해 더 많은 시간을 쏟아야 할 것이다.

2. 수동적으로 일한다

회사가 요구하는 업무만 꾸역꾸역하고, 그런 작은 결과에
만족하기만 하면서, 능력 향상에 주력한 적이 없는 사람은 언
제나 탈락 후보 1순위다. 그간의 경험에서 배운 것조차도 창
의적으로 발전시키지 못할 것이라고 예상되기 때문이다.

경험과 지식을 자신만의 가치로 승화시키지 못하는 사람
은 현재의 조직과 상사의 울타리를 벗어나면 그대로 무력하
게 추락하고 만다. 창조성이라곤 찾아볼 수 없이 수동적으로
일해온 사람에게 필연적인 결과다.

3. 조직에 동화된다

조직에 수용, 공감, 참여하는 것은 필수적이지만 동시에 자
기만의 객관적인 관점도 필요하다. 조직에 무조건적으로 동
화되어서는 안 된다는 얘기다.

예를 들어 회사를 옮기려고 면접을 보는 자리에서 '예전 회
사에서는⋯⋯'이라는 말을 입에 달고 있는데 좋아할 면접관
은 없을 것이다. 그만큼 예전 조직에 동화되어 있기에 새로운
조직문화에 적응하기가 어렵다고 볼 것이다.

주어진 환경에 상관없이 높은 성과를 낼 수 있는 가능성을 보여줘야 높은 평가를 받는 것이다. 다시 말해서 출신 기업의 규모는 전혀 관계없다는 얘기다. 단지 당락을 좌우하는 것은 '그때까지 어떻게 일해왔고, 앞으로 무엇을 하려고 하는가?'라는 사실뿐임을 잊지 말자.

4. 자기만의 비전이 없다

30대라면 자기만의 확고한 비전이 있어야 한다. 자신의 인생을 어떤 방향으로 어떻게 끌고 갈 것인지 구체적인 그림을 그려놓고 있어야 한다. 당신은 그렇게 준비되어 있는가? 기업은 바로 이런 마음가짐이 되어 있는 사람인가를 본다.

충실한 비전에 따라 그것을 착실히 준비하는 사람은 회사를 옮기게 되어도 문제가 생길 일이 적다. 당신의 미래 비전은 무엇인가?

5. 말은 100점, 그러나 속 빈 강정

면접을 진행하다 보면, 스피치 능력이 뛰어나서 잠깐 방심했다가 그의 화술에 넘어가는 경우도 있다. 하지만 말은 분명 100점인데, 조금만 더 얘기를 진행하다 보면 금세 그가 속 빈 강정임을 알게 되는 경우는 더 많다.

실력은 별로 없이 말만 앞세우는 사람은 자신을 과대 포장해서 시장에 내놓는 것과 마찬가지다. 자신의 시장가치를 매기면서, 화려한 포장지 속에 자기의 원래 모습을 감추는 태도는 처음 얼마 동안은 통할지 모르지만, 금세 본색이 탄로날 것이다. 그러면 그 다음은 보나마나다.

30대가 회사를 옮길 때 꼭 필요한 것들

앞서 기업들이 경력사원을 채용할 때 '좋은 얼굴'과 '공부하는 습관'을 중시한다고 말했지만, 그렇다 하더라도 30대 인재들에게 요구되는 업무 스펙을 제대로 갖추지 않으면 애초부터 전직의 문 앞에 서게 되는 일은 상상도 할 수 없을 것이다.

사회인이 되어 3년 이상의 경력을 쌓은 사람들이 아무리 멋들어진 업무 이력서를 쓴다 해도 실적이 신통치 않으면, 인사 담당자들은 그것을 순식간에 감지해낸다.

일반적으로 면접관들은 지원자가 20대라면 학력과 직업 능력, 인물 됨됨이를 종합적으로 합한 '잠재력potential'을 본다. 회사의 가치관이나 신념을 제대로 흡수하여 일할 사람인지, 즉 회사가 추구하는 인물상에 어울리는지를 본다는 뜻이다.

하지만 30대라면 상황은 달라진다. 기업은 그가 그동안 실제 업무 현장에서 낸 성과를 본다. 그 사람의 상품가치를 지난 세월 속의 경험과 성과로 평가하는 것인데, 이는 그 사람의 능력이 미지수인 상태에서는 너무도 당연한 얘기다.

나는 서른두 살 때 세계적인 기업경영 컨설팅회사인 맥킨지McKinsey에 몸담고 있었는데, 언젠가부터 또 다른 세계를 경험하고 싶어 호시탐탐 전직할 회사를 찾고 있었다.

컨설팅 기업 출신이라면 고도의 문제 해결 능력을 익혔기에 취업 시장에서 높은 평가를 받는다고 생각할 수도 있겠지만 반드시 그렇지는 않다. 제안 능력은 뛰어나지만 직접 실행해본 적이 없기 때문이다. 즉, 막사에서 전략과 전술을 짜지만 전투 현장에 투입되면 맥을 못 추는 경우라고 볼 수 있다.

특히 컨설팅 기업에 신입으로 입사해서 근속 연수가 오래되면 그런 경향에 박차가 가해진다. 한마디로 자부심이 하늘을 찌르다 못해 잘난 척하는 것이다.

여기다 컨설팅 기업은 어디를 가나 급여 수준이 높다는 점도 다음 회사를 고를 때 제약조건이 된다. 그래서 전직을 한다고 해도 대개는 동종 업계이고, 조금 다르다고 해봐야 금융회사 쪽이 대부분으로 그만큼 선택의 폭이 좁다.

당시 외국계 헤드헌터들과 스카우트 협의를 하고 있던 나는 좀 더 범위를 넓혀 일본의 대기업도 협상권에 넣어 달라고 요구했었다. 그러나 일본 기업들은 나 같은 미숙한 인간은 거들떠보지도 않았다.

미숙하다는 것은 나이가 어리다는 게 아니라 경험이 부족하다는 걸 뜻한다. 20대에 대기업에서 해외 영업과 법무 업무를 담당하다가 미국으로 유학을 가서 MBA를 이수하고, 그 뒤로 일본으로 돌아와 맥킨지라는 세계적인 회사에서 경영 컨설턴트로 일하고 있었지만, 나는 그저 이력서만 화려할 뿐 비즈니스 현장에서의 실질적인 경험은 거의 없는 풋내기에 지나지 않았다.

외국 기업의 일본 법인은 일본이라는 시장이 영업 대상이기 때문에 내가 가진 해외 영업 경험은 아무 소용이 없었다. 게다가 미국에서의 MBA 경험이나 경영컨설턴트 업무는 책상물림에 불과하지 현장 경험은 아니었다.

그렇기 때문에 내가 제아무리 우수한 컨설턴트라고 자부한들 기업들이 기대하는 스펙은 도저히 채울 수 없었다. 그때의 나처럼 이런 사실을 착각하고 있는 사람이 꽤 많을 것이다.

경력자를 찾는 기업이 요구하는 것은 하나뿐이다. 그것은 바로 실적이다. 시장에서 이미 증명이 된 기록이라곤 별로 없는 사람을 이력서에 나열된 화려함만 보고 채용했는데 그가 제 역할을 하지 못하면 인사부서의 책임이 되기 때문에, 면접관들은 아주 날카로운 눈으로 그 사람을 훑어본다.

인사 담당자들의 말에 따르면, 기업 사회에는 의외로 이런 사람들이 많다고 한다. 학력, 경력, 명성 등 어느 모로 보나 부족함이 없지만 막상 스카우트하면 기대 이하의 형편없는 실력으로 실망을 안기는 사람들 말이다.

대체 왜 그토록 많은 사람들이 자기 스스로 적어놓은 경력 사항에 훨씬 못 미치는 결과물을 내놓는 것일까? 이 물음은 30대를 지나는 모든 사람들이 자기 자신을 냉정하게 돌아보며 품어야 할 의문이기도 하다. 당신은 과연 지금까지 어떤 실력으로 어떤 실적을 쌓아왔나?

맥킨지를 퇴사한 후에 유니덴으로 옮겼는데 이는 사실 유니덴의 임원으로 있던 미국 유학 시절의 선배가 나를 강력히 밀어준 덕분이었다.

유니덴을 퇴직한 후에는 그간의 경력을 인정받아 글로벌 기업들의 일본 지사로부터 인사관리 담당자로 제안을 받았다. 이때의 나는 컨설팅 분야에 미국의 비즈니스스쿨에서 배운 경영 지식을 결합하여 나름의 이론으로 무장했기 때문에 높은 평가를 받았었다.

그렇게 해서 나는 36세에 애플Apple로 전직하게 되었는데, 원래 회사에 필요한 인물은 40대였다고 한다. 나는 그때 다소 어렸음에도 나만의 경력과 실적이 있었기 때문에 채용될 수 있었다고 한다. 이것이 바로 실적의 위력이다.

여기서 오해하지 않기를 바라는 것은 기업 사회에서의 나의 상품가치가 모든 부분에서 전부 올라간 것은 아니었다는 점이다. 인사관리자라는 역할에만 한정된 상품가치였을 뿐이다. 자신의 상품가치를 올리려면 모든 부분에 걸쳐서 한꺼번에 올려야 한다고 생각할지 모르지만, 이는 말도 안 되는 시간과 노력이 요구된다. 그만큼 비현실적이라는 얘기다.

반드시 잊지 말아야 할 점은 자신의 상품가치는 스스로 정하는 게 아니라 어디까지나 시장이 정한다는 점이다. 시장의 평가는 경력이 많거나 스펙이 좋다고 해서 저절로 올라가는 게 아니다. 자기 분야에서 최고가 되겠다는 마음으로 끊임없이 준비하고 도전하다 보면 차곡차곡 올라가는 것이다.

실적을 뜻하는 'proven track record'는 번역하자면 '증명

된 진로의 기록'이라는 의미다. 말이 아니라 실제적인 행동으로, 누구나 인정할 만한 결과를 보여야 한다는 것이다. 30대인 당신의 모든 마음가짐과 행동은 바로 여기에서 드러난다는 사실을 항상 기억해라.

롤모델을 만나보라

롤모델이 될 만한 사람을 두어
그의 삶의 궤적으로부터 삶의 힌트를 얻자.

고향 마을에서 수제 햄버거 가게를 운영하고 있는 서른세 살 우와다 마사코는 생각만큼 원활하게 돌아가지 않는 식당 경영에 답답한 나날을 보내고 있었다.

이대로라면 곧 문을 닫아야 한다는 게 불을 보듯 뻔했다. 식당 경영의 노하우를 가르쳐주고 용기를 북돋워줄 사람이 필요했지만, 아무리 주위를 둘러봐도 그런 사람은 없었다.

문득 가게를 열기 전에 레시피와 고객 관리, 가게 인테리어 등을 어깨너머로 배우고 싶어 롤모델처럼 여기며 수시로 들락거렸던 도쿄의 유명한 햄버거 가게가 생각났다. 많은 실패를 겪으며 오늘에 이른 경영자의 성공 신화는 식당 경영을 앞둔 사람들에게 모범 답안 같은 교훈을 주고 있었다.

그에게 도움을 청하면 어떨까? 설마 나 같은 사람의 말에 응할까 싶었지만, 그녀는 밑져야 본전이라는 생각으로 현재 처해 있는 상황을 설명하면서 난관을 극복할 지혜를 달라는 편지를 썼다.

한 달쯤 지난 어느 날 늦은 오후, 중년의 낯선 손님 한 분이 식당 문을 열고 들어섰다. 햄버거를 주문한 그는 말없이 식당 안을 둘러보고, 서둘러 햄버거를 준비하는 그녀도 찬찬히 살펴보았다.

잠시 후 그는 그녀가 가져온 햄버거를 때로는 고개를 끄덕이고, 때로는 갸웃거리기도 하면서 천천히 음미하듯 먹었다. 그가 햄버거를 다 먹고는 그녀에게 손짓을 했다.

"나하고 얘기 좀 할까요?"

그의 명함을 보고 마사코는 비명을 지르고 말았다. 그 사람은 바로 도쿄의 그 햄버거 가게 사장이었다. 이런 일이 내게 일어나다니, 한 번의 용기가 이런 결과를 낳았다는 게 믿어지지 않았다.

그날 그는 그녀가 고민하는 많은 문제들에 대해 일일이 메모하며 귀담아들어주었다. 그런 뒤에 그녀가 만든 햄버거의 맛과 장단점, 가게 운영의 노하우를 차분히 말해주었다.

"나도 처음 가게를 시작할 때 똑같은 어려움을 겪었답니다. 문제가 생길 때, 언제든 문의해주시면 성실히 답해드리겠습니다."

그녀는 그의 말에 가슴이 터질 듯한 감동을 받았다. 그와 마주 앉아 이야기하는 것만으로도 용기가 샘솟는 것 같았고, 뭔가 희망을 찾아낸 듯한 느낌이었다.

그가 밟아나간 경영 방식의 모든 걸 배울 수는 없을지라도 그를 멘토로 삼아 착실히 자신의 길을 가다 보면 언젠가는 목표하는 것들을 손에 쥘 수 있지 않을까?

"언제든 전화주세요. 원하신다면, 당신의 멘토가 되어드리겠습니다."

그가 가게를 떠나며 남긴 말은 그녀에게 그 어떤 응원보다 진한 메아리로 남았다.

진짜 도전은
자기 확립에서
시작된다

"마음을 위대한 일로 이끄는 것은
오직 열정, 위대한 열정뿐이다."

_드니 디드로Denis Diderot, 프랑스의 철학자이자 문학자

불행은 내가 잘못 흘려보낸 시간의 보복

나폴레옹Napoléon은 '오늘의 불행은 언젠가 내가 잘못 흘려
보낸 시간의 보복'이라고 말했다. 인생의 성공을 위해서는
30대를 절대로 잘못 흘려보내서는 안 된다. 나는 30대를 허
투루 보내지 않기 위해 가장 중요한 일은 바로 '자기 확립'이
라고 생각한다.

20대부터 30대 초반까지는 어쨌든 상승하겠다는 결심으
로 목표를 세우고 거기에 걸맞도록 자신을 확립하기 위해 노
력해야 한다. 이 부분에 소홀한 채로 40대에 이르러 불행의
늪에 빠지기 시작하는 사람들이 너무도 많다. 30대 10년 동

안 미래에 대한 준비가 전혀 없었기 때문에 맞이하는 필연적인 결과다.

대학에 다닐 때 친구들과 함께 수백 권의 문헌에서 성공자들이 남긴 명언들을 모아 책을 만든 적이 있다. 그때 내가 느낀 것은 후세에 이름을 남긴 사람들은 하나같이 젊은 시절에 세상에 나아가 뭔가를 이루겠다는 강렬한 상승 지향적인 마음으로 살았다는 사실이었다.

그들은 원하는 삶을 살아가고자 젊은 날의 대부분을 무엇보다도 자기 확립을 위해 노력했다. 다른 누구도 아닌 자기 자신으로 살기 위해 뼈대를 세우고, 살을 입히는 과정이었다.

그들은 그런 과정을 거치면서 성공에 차츰 다가갔고, 시간이 흐르자 이번에는 세상에 감사하면서 나른 사람들을 지원하는 쪽으로 변모되어 갔다. 성공자들은 어느 한 사람 예외 없이 이런 패턴을 보였다.

자기 확립을 이룬 사람들은 대부분 주위로부터 어느 분야에 대해 확실히 인정을 받는 존재가 된다는 공통점이 있다.

"이 일이라면 그에게 맡기면 문제가 없지."

"이런 일은 그가 나서면 바로 해결할 수 있지."

30대인 당신이 만약 이런 경지에 이르렀다면, 달리 말해서 사람들이 당신에게 믿고 의지하는 일이 많아졌다면 자기 확립의 단계에 들어섰다고 자부해도 좋을 것이다.

30대 초반까지의 나는 어떻게 하면 나 자신을 확립할 수 있을지에 매일같이 안달이 나 있었다. 상사나 선배의 말을 진지하게 받아들이면서도, 무조건 추종하기보다는 하나를 보태거나 빼 그들과는 다른 방법을 찾아보려고 항상 노력했다.

신입사원 시절에는 다른 부서의 합숙에 참여하거나, 심지어 사내 체육대회에 나가서도 어떻게든 두각을 나타내려고 했다. 그러다 보니 업무상 관련도 없는 타 부서의 동료들이 많이 생겼다. 회사 안에서 어디를 가도 안면이 있는 사람들이 있어 그들과 만나 잠시 이야기를 나누다 보면 뜻밖의 정보를 얻기도 했다.

물론 너무 오지랖이 넓은 것 아니냐는 말도 듣기는 했지만, 이런 활동들로 회사 내에서 눈에 띄는 인물이 되었다. 가령 직원들의 단체 여행이나 단합 대회 같은 행사가 있으면 일단 나에게 기획을 맡기자는 의견이 많아졌고, 실제로 그런 일을 도맡아 했다.

이런 활동은 업무와 직접적인 관계가 없으니 쓸데없는 일이라고 생각하는 사람들도 있을 것이다. 하지만 네트워크 구축과 소통 능력, 그리고 기획력과 집행력은 어느 분야에서든 필수적인 것으로 나는 이런 과정을 통해 그런 능력을 길렀다고 해도 과언이 아니다.

또한 나는 30대 시절에 단순히 인간관계의 폭을 넓히는 일에만 그치지 않고, 일주일에 두 번 정도는 퇴근하면 반드시 서점으로 달려가 신간 서적이나 전문 분야의 책을 구해서 밤새 탐독했다.

그리고 내 분야와 관련된 세미나나 강의가 있으면, 특히 세계적인 명성의 외국인 강사가 초빙된 자리는 꼭 참석해서 그들의 고견을 들었다. 이렇게 내적인 충만을 위한 노력이 오늘의 나를 만들었다고 자신 있게 말할 수 있다.

예를 들어 나는 강의 중에 참석자들의 호응을 끌어내기 위해서 몇 차례 웃게 만들어 긴장을 풀어줄 필요가 있다는 점을 항상 염두에 두고 있다.

그렇다고 단지 웃게만 하려고 따로 개그 소재를 준비하거나 엉뚱한 행동을 하는 건 아니다. 주제에 맞는 이야기를 하면서 재미있는 에피소드를 곁들여 웃음 코드를 건드리게 되면 순식간에 경직된 분위기가 완화된다. 그렇게 하면 내가 원하는 페이스대로 호응을 유도하며 이야기를 진행할 수 있다.

내가 강의를 진행하면서 나름 호평을 받는 강사가 된 것은 역시 30대에 나 자신을 확립하기 위해 풍부한 독서와 강의 참석 등 다양한 경험을 한 결과라고 느낀다.

관심 분야를 최대한 넓혀라

앞서 30대는 경험을 최대한 확장하는 시기라고 했지만, 이보다 더 중요한 것이 있다. 바로 지식의 확장이다. 자기 분야에 대한 해박한 지식은 물론이고 삶을 더욱 풍부하게 하는 인접 분야의 지식과 일반 상식, 시사 문제, 심지어 예술, 취미에 이르기까지 최대한 광범위한 지식의 영역을 구축해야 한다.

몸으로 직접 부딪치면서 얻는 지식은 당연히 피가 되고 살이 되지만, 책을 통해 접하는 간접 체험도 그에 못지않다. 그러니 30대에는 몇 개의 관심 분야를 찾아서 관련 도서를 최대한 많이 읽자.

목표와 범위를 정해놓고, 그것을 달성하는 기간을 설정하면 도움이 될 것이다. 예를 들어, 내가 좋아하는 분야의 책을 한 달에 세 권 이상 읽는다는 목표를 세우면 열흘에 한 권은 독파해야 한다.

그러기 위해서는 3개월 단위로 읽고 싶은 책의 목록을 정해서 순서대로 실행해나가면 좋다. 독후감은 필수다. 책을 읽으며 느낀 점, 좋은 글귀, 다른 사람들의 감상을 곁들여 적어놓으면 시간이 지난 뒤에 다시 읽어도 충분히 예전의 느낌을 되살릴 수 있다.

세미나, 토론회, 유명 인사의 강의, 관련 업계의 비즈니스 포럼, 나와 동일한 목표를 가진 사람들과 함께 떠나는 현장 학습도 지식의 세계를 넓히는 기회가 된다.

나는 인터넷이나 신문, 방송에 관심있는 분야의 포럼이나 세미나 등의 소식이 나오면 누구보다 먼저 참여 신청을 하고 관련 지식을 사전에 공부한 뒤에 참석했다. 이렇게 노력하다 보니 공부에 점점 재미가 붙었고, 미국 유학을 갔을 때는 내 분야와는 별로 관계가 없는 실리콘밸리를 정기적으로 방문해 이곳저곳 기웃거리며 그들의 도전 정신을 접해보려고 했다.

학생 때의 은사나 업계의 선배 같은 경험 많은 분들을 만나 자주 대화를 나눠보는 것도 도움이 된다. 그들 자체가 지식과 경험이 풍부한 백과사전 같은 존재들이니 마주 앉아 있는 것만으로도 정신적 자극이 될 것이다.

20대 후배들과의 대화도 중요하다. 그들이 보기에 30대는 이미 한물간 기성세대일 수 있다. 최신 트렌드에서 한참 빗겨나 있는 존재로 취급되는 것보다 더 큰 비극은 없다. 그러니 그들과 자주 만나 소통하면서 요즘 젊은이들 사이에 유행하는 문화가 무엇인지 알아내 받아들일 것은 적극적으로 받아들이면서 시대의 흐름에 뒤처지지 않도록 하자.

지금까지 설명에서 보았듯이 자신의 관심 분야를 최대한 넓히기 위해서는 굉장히 부지런해야 한다. 당신의 관심 분야는 무엇인가? 그것을 넓히기 위해 어떤 노력을 하고 있는가?

단순히 관심사뿐만 아니라 인접 분야의 지식까지 폭넓게 관심을 쏟게 되면, 당신의 미래는 그만큼 넓어지고 깊어질 것이다. 미래를 위해 이보다 더 중요한 투자는 없다고 당신에게 자신 있게 말할 수 있다.

인간관계의 폭을 넓혀라

더 많은 사람들과의 만남을 통해
진짜 인간답게 살아가는 방법이 무엇인지 깨닫자.

고등학교 수학 교사인 오가와 히토시는 서른다섯 살이 되도록 혼자 살면서 호젓하고 조용한 나날을 보내고 있었다. 워낙 내성적인 성격이라 어디를 가도 두각을 나타내는 일 없이 항상 묵묵히 주어진 일에 충실한 그였다.

하지만 그의 개인적인 생활은 삭막하기만 했다. 집에서 학교로, 다시 집으로 시계추처럼 왕래하는 단조로운 생활 속에서 그의 삶은 무료하고 건조하기만 했다.

언젠가부터 더 나이를 먹기 전에 삶을 더 풍성하고 인간미 있게 바꾸고 싶다는 생각이 들었다. 무슨 방법이 있을까? 그가 내린 결론은, 사람들 속으로 들어가야 한다는 것이었다.

그는 원래 사람들과 섞여서 시끌벅적하게 지내는 것 자체를 싫어하는 성격이었다. 그렇더라도 이제는 개인적인 삶을 훼손하지 않는 선에서 인간관계의 그물망 속으로 들어가고 싶었다.

그가 선택한 것은 취미 활동이었다. 사진 촬영이 취미인 그는 일단 같은 도시에서 활동하는 사진 동호회에 가입해서 활동을 해보기로 했다.

낯선 사람들과 어울리며 공통의 주제를 놓고 토론하면서 야외 활동을 하는 건 생각보다 쉽지 않았지만, 사람들 속으로 들어가겠다는 열망이 워낙 컸기 때문에 열정을 다했다.

시간이 지나면서, 오가와는 차츰 적극적인 모습으로 변해가는 자신의 모습을 체감하고 뿌듯함을 느꼈다. 여기서 자신이 붙은 그는 얼마 후에 오랫동안 꿈꾸었던 미술 공부를 위해 대학에서 운영하는 미술 교육원에 등록했다.

예전에는 인간에 대한 두려움 탓인지 누구는 나의 세계에 들어와도 좋지만 누구는 절대 안 된다는 식으로 한계를 정하고 사람들을 대했다면, 이제는 그것이 자신의 아집으로 고립을 자초하는 일임을 깨닫게 되었다.

30대는 더 많은 사람들을 만나 그들로부터 저마다 살아가는 방식과 지혜를 배우는 때다. 폭넓은 인간관계에서 얻은 힘으로 삶의 지평을 넓혀나가는 시기인 것이다.

그렇다고 아무나 닥치는 대로 만나 시간을 허투루 낭비하라는 이야기가 아니다. 뭔가 삶에 교훈이 되고 이득이 되는 사람, 하나라도 더 배울 수 있는 사람을 가까이 둘수록 좋다는 것이다.

낯선 사람들과 어울리지 못하고 혼자만의 세상에 침잠하던 그로서는 예전 같으면 꿈도 꾸지 못할 일이었다. 하지만 그는 그렇게 차츰 다른 사람들과의 소통을 통해 진짜 인간답게 살아가는 게 무엇인지 알아가고 있었다.

30대 중반을 살면서 가장 잘한 일을 꼽으라면 낯선 사람들과 손을 잡은 것이라고 말하며 껄껄 웃는 그에게서 진짜 사람의 향기가 나는 것 같았다.

33세까지는
자신에 대한
이해를 끝내라

"위험은 자신이 무엇을 하는지
모르는 데서 온다."

_워런 버핏Warren Buffett, 미국의 투자자

당신은 어떤 사람으로 기억되고 싶은가?

만약 30대 어느 시점에 회사를 떠나게 된다면, 당신은 지금 까지 일했던 곳에 무엇을 남기고 싶은가? 무엇을 해낸 사람 으로 기억되고 싶은가?

무슨 말인지 모르겠다는 사람은 현재 일하고 있는 부서에 서 다른 부서로 옮기게 될 경우 그 부서에 무엇을 남기고 싶 은지를 생각해보라.

이러한 질문도 가능하다. 당신이 회사를 떠난 후에 남은 사 람들은 당신을 어떻게 평가할까? 당신은 호평과 칭찬을 기대하겠지만 만약 정반대의 평가가 나온다면 어떨까? 사실 이 질문들에 대한 대답은 당신의 비전과 연결되기 때문에 아주 중요하다.

만약 직장 동료들이 당신을 자기 분야에서 최고가 되기 위해 항상 노력한 열정적인 사람으로 기억한다면, 그들은 당신의 미래를 기대하며 응원해줄 것이다. 하지만 그게 아니라면, 다시 말해서 당신이 걸어온 길에 여러모로 부족함이 많았다는 평가를 한다면 설령 지금은 꽃길을 걷는 것처럼 보여도 미래는 보나마나다.

30대로 접어들면서 모든 발걸음이 40대 이후의 비전과 연결되어야 하지만, 현실에 충실해야 한다는 점 또한 잊어서는 안 된다. 그 하나하나가 전부 도전을 위한 자산이 되어 자연스레 커리어의 방향성을 잡아주기 때문이다.

때로는 스스로 그리는 미래를 하루빨리 현실이 되게 하고 싶다는 욕망에 이런 느낌에 직면할 수 있다.

'이 회사에서는 이미 충분히 전력을 다했다', '이곳에 남아있더라도 더 이상 성장할 수 없을 것이다.'

당신이 이런 감정을 느끼게 되는 게 5년 후일지, 아니면 그보다 더 뒤일지는 아직 모른다. 하지만 착실히 비전을 그리면서, 그에 따라 차분히 준비해나간다면 앞으로의 커리어로 고민할 일은 조금씩 줄어들 것이다.

살면서 다른 사람들로부터 이해와 칭찬을 받을 일을 해내거나 주위 사람들로부터 진심 어린 감사를 받거나 하는 상황이 거듭되면, 당신이 아직 뭔가 큰일을 해내지 못했더라도 그들은 당신의 미래 가능성에 기대감을 갖기 마련이다.

다른 사람들의 평가로 당신의 미래가 좌우된다는 말이 아니다. 다만 다른 사람들이 당신을 어떻게 보는지가 당신이 자신의 비전을 위해 충실히 살고 있는지를 보여주는 지표가 될 수 있다는 뜻이다. 당신의 오늘은 어땠는가?

서른세 살까지는 자신에 대한 이해를 끝내라

30대 전반까지는 다양한 분야를 체험하라고 했는데, 이 모든 과정은 자기 자신에 대한 이해로 이어지기 때문에 중요하다. 앞서도 말했듯이 경험은 자신에 대한 이해가 동반되지 않으면 절대 현실에 활용할 수가 없다.

다음 단계로 옮겨가기 위해서는 이 시기에 자신의 강점과 약점, 그리고 자신의 관심 분야와 동기 부여 조건을 확실히 알아둬야 한다. 자기 자신에 대해 좀 더 정확하게 이해하기 위해 다음의 4가지를 중점적으로 생각해보자.

1. 어떤 가치관을 가지고 있는가?

자신이 어떤 가치관을 중요시하는지를 막연히 생각하면 어렵기 때문에 다음과 같이 분류해서 생각해보자.

- 업무 수행 동기 : 성취감, 공헌, 밸런스, 영향력, 권력, 독립 등

- 업무 수행 방식 : 분석력, 창의성, 문제 해결 능력, 행동력 등

- 인간관계 : 개인주의, 신뢰, 협력, 다양성, 즐거움, 팀워크 등

2. 어떤 스킬을 가지고 있는가?

앞서도 말했지만 스킬은 일반 스킬과 전문 스킬로 나눌 수 있다. 전문 스킬은 당신이 업무를 진행하는 데 꼭 필요한, 본연의 업무에 특화된 스킬을 말한다. 이것은 당신이 가장 자세히 알고 있을 것이다.

반면에 일반 스킬이란 업무상 일반적으로 요구되는 스킬로 고객과의 의사소통 능력, 시간 관리 능력, 프레젠테이션 능력, 문제 해결 능력 등이 있다. 자신이 가지고 있는 스킬을 정리해보면 자신의 강점과 약점을 알아볼 수 있을 것이다.

3. 어떤 성격이며, 무엇을 지향하는가?

30대에 접어들면서 자신의 강점과 약점에 대해 생각해보는 일은 비전을 꿈꾸고 준비하는데 매우 중요하다. 어쩌면 당신은 20대까지 본능이 시키는 대로 움직였을 것이다.

하지만 이제부터는 분명한 계획성을 가지고 보다 치밀하게 행동해야 한다. 20대까지는 조금 실수를 해도 복구할 시간이 아직 많이 남아 있었지만 30대부터는 인생 전반을 구체적으로 세분해서 각각의 단계별로 행동 목표를 정해야 40대 이후에 방황하지 않게 된다.

이때 필요한 것이 자신의 성격을 정확하게 파악해서 평생 동안 지향하려는 목표 지점에 적용시키는 일이다. 성격이나 기질에 맞지 않는 엉뚱한 목표나 남의 흉내를 냈다가 낭패를 보는 사람이 너무도 많다는 사실을 명심하기 바란다.

4. 어떤 일에 동기를 부여받는가?

지금까지 자신이 제일 잘했던 일, 강한 성취감을 느꼈던 프로젝트나 업무를 생각해보라. 어떤 상황에서 그렇게 했는지, 사람들이 어떤 반응을 보였는지를 떠올려보라.

그때마다 어떤 요인이 가장 강력하게 작용했는지 찬찬히 살펴보자. 만약 매 순간 공통적인 내용이 등장한다면 그것이 바로 당신에게 가장 확실한 '동기motivation'일 것이다. 동기가 될 만한 특성을 몇 가지 예로 들어보면 다음과 같다.

① 나는 자기주장이 강한 편이다.

② 나는 매사에 적극적이다.

③ 나는 모험 지향적이다.

④ 나는 적응력이 뛰어나다.

⑤ 나는 인간관계가 원만하다.

⑥ 나는 일에 대한 욕심이 강하다.

⑦ 나는 책임감이 강하다.

⑧ 나는 타인의 생활에 관심이 많다.

⑨ 나는 게으른 편이다.

⑩ 나는 말이 많고, 쉽게 상처받는다.

자신에 대한 이해를 스스로 하기가 어렵다면 친구나 동료들과 함께 해도 좋다. 나는 커리어 자율 연수 때마다 이 방법을 알려주는데 반응이 아주 좋다. 우리는 자신에 대해 잘 안다고 말하지만 사실은 모르는 부분이 더 많다고 할 수 있다. 오랫동안의 습관에 가려진 부분들이 많기 때문이다.

자신에 대한 정확한 이해 없이 무턱대고 달려나가기만 하면 어느 순간 엄청난 브레이크가 걸리기 쉬우니 인생의 한복판인 30대에 자신을 확실히 알아두기 바란다.

특별한 분야의
전문가가 되어라

돈벌이와 관계없이 특별한 분야의
최고 전문가가 되어 색다른 보람을 찾자.

지난달에 서른일곱 살 생일을 보낸 가와구치 미나미는 주말
이 되면 어김없이 그가 살고 있는 도시 인근에 있는 휴양림으
로 출근한다.

6년 전에 숲 해설사 자격증을 취득한 후 초등학생부터 일
반인들까지 숲을 찾는 사람들에게 식물의 가치와 중요성, 숲
속의 자연 생태에 관한 내용을 알리고 있기 때문이다.

스물네 살 때 제약회사 영업사원이 되어 사회에 첫발을 내

딛은 그녀는, 날마다 사람들을 만나러 돌아다니는 영업직이 자신의 활달한 성격에 딱 맞는다고 느끼며 최선을 다했다.

하지만 그렇게 6년쯤 지나자 직장생활에 충실하면서도 뭔가 특별함을 가진 사람이 되고 싶다는 생각이 들었다. 회사에서 하는 일만으로는 충족되지 않는 자아를 실현하고 싶다는 욕망을 채우고 싶었다.

취미 활동을 통해 마음의 여유를 찾는 일도 좋고, 어떤 분야의 전문가가 되어도 좋을 것이다. 그게 무엇일까? 어렸을 때 제일 좋아했던 일부터 누구보다 잘하는 분야까지 두루 생각하다가 문득 떠오른 게 식물에 관한 나름의 관심이었다.

어렸을 때 과수원을 운영했던 부모님 덕분에 그녀는 나무와 꽃을 비롯한 온갖 식물에 관해서 일찍부터 남다른 지식을 갖고 있었다.

그때부터 틈틈이 필요한 공부를 해나갔고, 2년 만에 숲 해설사 자격증을 취득했다. 사실 그것은 돈을 벌려고 하는 일도 아니고, 돈을 많이 버는 일도 아니었다. 하지만 그녀는 자격증을 수령할 때의 기쁨을 자기 인생에서 가장 행복한 순간 중 하나로 칠 만큼 흡족함을 느꼈다.

이렇게 한 분야의 전문가가 되어 많은 사람들과 지식을 나누는 것은 그녀의 30년 인생에서 가장 훌륭한 일 가운데 하나라는 자부심까지 생겼다.

이제 그녀는 어서 주말이 오기를 기다리는 사람이 되었다. 남들은 휴식을 위해 주말을 기다리지만, 그녀는 숲속에서 그녀를 기다리는 사람들과 만나는 일이 너무 좋았다. 워낙 활발한 성격이고 붙임성이 좋은지라 그녀의 숲 해설을 듣길 원하는 사람이 많았다.

그러자니 자연히 낯선 사람들과 소통하거나 프레젠테이션하는 능력이 향상되어 달콤한 부수입까지 챙길 수 있게 되었다. 이만하면 30대에 이룬 성과치고는 최고가 아닐까?

앞으로 식물에 관해 더 깊이 공부해나가다 보면, 어쩌면 더 나이가 들기 전에 본격적으로 식물학을 공부하여 언젠가는 식물학자로 변신하게 될지도 모른다고 생각할 때도 있다.

돈벌이와는 하등 관계가 없어도 나름의 희망찬 비전을 품게 되었으니, 그것만으로도 그녀의 삶은 다른 30대들에 비해 충분히 성공한 것이나 다름없었다.

30대는
꿈을 이루는
시기가 아니다

"도전을 받아들여라.
그러면 승리의 쾌감을 맛볼지도 모른다."

_조지 S. 패튼George S. Patton, 미국의 육군 장군

미리 독립을 결정할 필요는 없다

대기업인 한 건설회사에서 대부분 30대인 사원 1,000명을 대상으로 8년 동안 커리어 자율 연수를 진행했었다. 그런데 신기하게도 연수 때마다 수강자들 중에는 이런 고민을 털어놓는 사람이 꼭 있었다.

"사실은 회사를 그만두려고 해서, 이미 그런 뜻을 상사에게 전했습니다. 마지막으로 이 연수가 도움이 될 것 같아 참가했습니다."

나는 그런 말을 들으면 으레 이렇게 묻곤 했다.

"퇴직 후에 어떻게 할 생각입니까?"

그러면 십중팔구는 이런 대답이 돌아왔다.

"아직 정하지 않았습니다."

어쨌든 그만두고 싶다는 마음이 앞서니 그런 의사를 표했는데, 퇴직 후에 어떻게 할지까지는 미처 머릿속에 담아두지 않았던 모양이다. 대부분의 사람들은 차차 일자리를 알아본다거나 차제로 미뤄뒀던 공부를 하겠다는 등 애매모호한 계획을 세운다.

이런 식으로 미적지근한 상황을 만드는 것은 30대에 저지를 수 있는 실수 중에서도 최악이다. 30대의 작은 결정이 40대에 쓰나미가 되어 혼란을 야기할 수 있기 때문이다.

이런 사람들도 있다.

"회사를 그만둘지 말지 고민하고 있습니다. 지금은 어떻게든 참고 있습니다만, 3년 후에 지금 회사에서 계속 일하고 있는 그림은 상상도 안 됩니다."

"그렇다면 3년 후에는 어떻게 할 생각입니까?"

이렇게 물으면 분명하게 대답하는 사람은 별로 없고, 그저 꿈만 꾸고 있는 듯한 대답만 하는 사람이 많다.

"마음 맞는 친구들과 자유롭게 일할 수 있는 회사를 만들고 싶어요."

"아내와 꽃집을 차리고 편안하게 살고 싶습니다."

어느 분야든 친구들과 회사를 만드는 것은 동아리 모임을 만드는 것과는 차원이 다르다. 자칫하다간 돈도 친구도 몽땅 잃고 30대에 이어서 40대까지도 고생하기 십상이다.

꽃집을 차리고 싶다는 사람은 누군가로부터 꽃집이 돈벌이가 된다는 말을 들은 정도일 뿐 특별히 꽃을 좋아하는 것도 아니고, 꽃에 대한 지식도 많지 않다. 꽃집을 경영하는 사람들의 말을 들어보면 꽃집 운영에는 굉장한 노동이 수반되고 화훼에 대한 깊은 지식이 있어야 한다고 한다. 한마디로 말해서 아무나 창업하기는 힘든 특수 분야라는 것이다.

나는 커리어 자율 연수에 있어서 '자율 연수'라는 이름 아래 커리어 관리에 대해 자율적인 의식을 기르는 게 가장 중요한 목적이라고 생각한다. 그 때문에 비전을 반드시 현재 일하는 직장 내에서의 경험이나 실적에 한정하지 않는다.

연수를 진행하는 기업한테도 강의 내용에 대해 사전 승낙을 받았기 때문에 참석자들에게 자유롭게 자신의 비전을 말할 수 있게 한다.

그러다 보니 회사를 그만두고 이직이나 독립을 하고 싶다는 비전을 서슴없이 말하는 것도 그리 문제되지 않아서 그런 계획을 임원진 앞에서 당당히 발표하는 사원들도 있다. 한마디로 말해서 회사의 입맛에 맞는 얘기만 하지 않는다는 얘기다.

그렇게 하지 않으면 자신의 본심과는 다른 형식적인 말만 늘어놓게 되어 커리어 자율 연수라는 허울 좋은 이름만 남을 뿐 누구에게도 도움이 되지 않는 강의가 될 것이다.

나는 꿈을 말하는 사람들에게 이렇게 묻는다.

"당신은 꿈을 위해 어떤 준비를 하고 있습니까?"

그러면 대부분의 사람들이 태연하게 지금은 특별히 준비하는 것은 없지만, 본격적으로 일을 시작할 단계가 되면 그때 가서 착실히 준비하겠다고 대답한다.

당신이 만약 30대를 거쳐 40대로 넘어가는 시점인데 아직도 마음속에 꿈은 있으나 구체적인 계획이 오리무중인 상태라면 안타깝지만 그 꿈은 실현되지 않을 것이다. 꿈은 밀린 숙제를 한꺼번에 해치우듯이 단번에 이루어지는 게 아니다. 착실히 준비하고, 미래의 상황에 미리미리 대비하는 사람만이 내일의 주인이 된다는 점을 잊지 말자.

창업이 목표라면 당연히 자금이 필요하고 매상을 올려줄

고객도 필요하다. 고객을 얻기 위해서는 남보다 나은 무엇을 내세우는 차별화 전략이 필요하고, 그것을 고객들에게 폭넓게 알릴 수 있는 수단이 필요하다.

3년 뒤에 그 목표를 이루고 싶다면 당장 모든 준비를 서두르지 않으면 안 된다. 꽃집 경영이라면 화훼 관련 지식은 당연하고 가게의 입지 조건, 상품 매입과 유통, 가격 및 고객 관리, 서비스 전략, 경리 지식까지 어느 것 하나 놓쳐서는 안 된다.

연수를 진행하면서 이런 이야기를 하면, 이미 퇴직을 결심한 사람만이 아니라 언젠가 퇴직을 계획하고 있는 사람들까지 나를 찾아와 이렇게 말한다.

"회사를 그만둬서는 안 되겠습니다. 아직은 준비할 게 많은 것 같습니다."

당장 회사를 그만두고 싶지만 어느 것 하나 준비되어 있지 않다는 자각은 30대에게 있어서 귀한 깨달음이 된다. 절대 섣부르게 결정하지 마라. 미래를 준비하는 일은 중요하지만, 서둘러서는 안 된다는 점을 명심하자.

30대에 이직이나 독립을 꿈꾸는 사람들을 지켜보면, 압도적으로 많은 사람들이 결국엔 회사를 그만두지 않는다는 사실을 알게 된다. 대부분의 사람들이 퇴사를 생각하면서 지금은 내적인 충만을 위한 노력이 훨씬 더 필요하다는 사실을 깨닫기 때문이다.

결론은 현재 다니고 있는 회사를 그만두는 문제를 성급하게 결정하고 그에 따라 행동하지 말라는 것이다. 퇴사 후의 삶을 준비는 하되 섣불리 실행하지는 마라. 30대는 그런 일로 우왕좌왕하며 시간을 낭비하는 게 정말 아까운 시기다.

회사에 남는 결정이 결단하지 못한 결과는 아니다

회사에 남을지 말지를 고민하는 사람이 끝내 그냥 남겠다는 선택을 할 경우, 그는 자신이 아무 결단도 내리지 못해서 마지못해 이를 선택한 것이라고 생각한다. 끝내 노전하지 못한 사람이라는 자책감을 갖는다는 얘기다.

과연 정말 그럴까? 그동안 직장에 올인해온 사람이 그만두기로 결정한다면 그것만으로도 매우 큰 결단이기는 하다. 그러나 그렇다고 해서 자신은 그런 선택을 못한다는 생각에 스스로를 겁쟁이나 못난이로 여길 필요는 없다.

그런 생각 자체가 말도 안 된다. 회사에 남겠다는 결정도 일종의 선택이기 때문이다. 이직을 하거나 자립을 하거나, 무엇이 되었든 나름대로 결정을 내린 것이다. 지금까지의 둥지를 떠나는 일은 굉장한 모험이지만 지금의 자리를 지키며 좀 더 실력 있는 사회인으로 성장하겠다고 결심하는 것도 그에 못지않은 모험이다.

'지금의 나는 불행하다', '너무 정신없이 바쁘다', '성과를 올리지 못한다', '커리어의 미래가 보이지 않는다.'

이런 생각을 하는 사람들은 대개 그렇게 된 상황을 상사나 회사 탓으로 돌린다. 가끔 사회나 정치, 부모 탓을 하는 철없는 사람도 있다.

이런 사람들은 가슴에 손을 얹고 다시 생각해보기 바란다. 지금의 회사에 들어간 선택, 또는 남는다는 선택은 누가 했는가? 당신은 지난 세월 동안 언제든지 지금의 위치를 거부할 수 있었는데 그렇게 하지 않았다.

이렇게 말하면 어쩔 수 없었다는 반론을 펴는 사람도 있을 것이다. 그렇다면 주위를 한 번 둘러보기 바란다. 회사의 명령을 따르지 않는 사람이 얼마든지 있었음을 알게 될 것이다. 현명하게 다른 회사로 옮겨갔거나 일찍 자립을 해서 지금쯤 어엿한 경영자로 변신한 사람도 있을 것이다.

전부 본인의 선택이다. 마찬가지로 다른 많은 선택지가 있음에도 회사가 하라니까 한다는 것도 본인의 선택이다.

따라서 지금의 업무는 누가 시킨 것이라는 생각은 완전히 잘못된 것으로 그렇게 생각하는 순간 사고방식은 수동형이 되고, 무엇을 하든 강제성이 느껴져서 인생 자체가 고통스러워진다. 반면에 회사에 남겠다는 선택이 온전히 자기 생각이라고 마음을 정하면 능동적이고 주체적으로 바뀔 수 있다.

퇴사에 대한 고민이 들 때면 어떻게 해야 즐겁게 일할 수 있을지를 생각해보는 것도 좋다. 여기 몇 가지의 접근법이 있다.

하나는 지금까지와는 전혀 다른 방법을 시험해보는 것이다. 지금의 업무를 통해 어떤 스킬이나 지식을 익힐 수 있을지를 생각해서 무엇을 향상시킬지 의식하며 일하는 것이다.

다른 하나는, 타 부서나 회사 밖의 문제를 다루면서 협력자와 함께 다른 많은 가능성을 찾아보는 방법이다. 그들과의 협력 덕분에 혼자서 임할 때와는 전혀 다른 업무 방식을 경험할 수 있고 그들로부터 여러 가지를 배울 수 있다.

이런 방법은 아무리 업무가 힘들어도 자신이 성장하고 있다는 실감을 주기 때문에 일이 즐거워지도록 도울 것이다. 지금 회사에 그대로 남겠다는 선택은 결코 실패나 낙오가 아니다. 오히려 남는 것이 떠나는 것보다 가치 있다고 스스로를 격려할 필요가 있다.

몇 년 전에 나는 어떤 30대 남성과 이야기를 나눈 적이 있다. 그는 자유로운 근무 환경으로 업계에 명성이 자자한 어느 벤처기업에 근무하면서 능력자로 업계 안팎에서 이름을 날렸었다. 그는 회사에서 신규 사업을 진행할 때마다 누구보다 앞장서서 프로젝트를 이끌었고 그때마다 성공 신화를 써나가는 능력자로 업계에 정평이 나 있었다.

게다가 사내 네트워크를 만들어 직원들로 하여금 하고 싶은 일을 스스로 할 수 있게 만드는 일에도 능력을 발휘하면서 동료들의 신망을 얻고 있었다. 그에게 이렇게 물어봤다.

"당신 같은 실력자라면 다른 외국계 기업에서 지금보다 훨씬 더 좋은 조건으로 스카우트 제의가 있었을 텐데 이직을 생각한 적이 없습니까?"

그가 이렇게 대답했다.

"지금 회사에서는 신뢰를 받고 있어서 내가 좋아하는 업무를 충분히 할 수 있습니다. 이 회사에서는 지금까지 쌓은 신뢰를 바탕으로 내가 꿈꾸는 일을 얼마든지 해나갈 수 있지만 다른 회사로 옮기면 처음부터 다시 하지 않으면 안 됩니다. 그런 시간 낭비를 할 필요가 있을까요?"

나는 이 말 속에 내포된 그의 비전과 목표를 충분히 읽을 수 있었다. 대기업이나 외국계 기업은 나름의 직무 매뉴얼이 완벽하게 갖춰져 있어 그 틀 안에서 열심히 일하면 된다. 애초부터 대기업이나 외국계 기업에 들어갈 만큼 실력자이니 그런 일은 무척 쉬울 것이다.

그러나 중소기업은 다르다. 정해진 매뉴얼과는 관계없이 자유롭고 창의적인 업무 태도를 높이 쳐주기 때문에 소신대로 일할 수 있고, 설령 그 과정에서 실패를 하더라도 가치를 인정해준다.

이렇게 도전적인 환경에서 일해온 사람과 대기업의 울타리 안에서 보호받으며 성장해온 사람이 10년 뒤 창업이라는 살벌한 야전野戰에서 만나면 누가 성공할까? 굳이 여기서 답을 말하지 않아도 될 것이다. 이것이 바로 당신이 지금 당장 퇴직하지 않아도 될 이유 중 하나다.

독서 습관을 길러라

책을 통해 얻은 생각의 깊이와
상식의 넓이가 인생을 풍요롭게 한다.

올해 서른여섯 살인 요시모토 겐이치는 30대가 시작될 때 특별한 결심을 했다. 30대부터는 개인적 성장에 도움이 될 수 있는 습관 하나를 새로 만들 계획을 세운 것이다.

그가 떠올린 새로운 습관은 '독서'였다. 일주일에 한 권씩, 일 년에 52권을 목표로, 30대 10년 동안 총 500권을 읽겠다는 목표를 세웠다.

이런 계획을 세운 데는 이유가 있었다. 20대 끝자락에 대학 동창 모임에 나갔는데 자신이 친구들에 비해 너무 뒤처져 있다는 생각이 들었기 때문이다.

정치경제, 사회문화 전반을 아우르며 격조 있는 대화를 나누는 그들을 보며 자꾸만 작아지는 자신을 감출 수 없었다. 상식과 관심사, 지향하는 목표 등 모든 면에서 그들은 분명히 그와는 아주 판이한 세계에서 살고 있었다.

이런 차이는 어디서 오는 것일까? 직업에서 오는 사회적 위상에 차이가 있는 건 사실이었다. 이미 저마다 사회적으로 높은 위치에서 화려한 인생을 즐기고 있는 그들에 비하면 중소기업 샐러리맨에 불과한 그는 초라하기만 했다.

하지만 겐이치가 주눅이 들었던 건 그런 문제가 결코 아니었다. 문제는 바로 지식의 수준이었다. 친구들에 비해 머리에 들어 있는 지식의 차이가 너무도 크다는 사실에 비참하다는 생각마저 들었다. 겉으로만 그럴듯한 그의 삶은 아무리 생각해봐도 껍데기만 남은 공허한 삶에 불과했다.

그는 자신의 20대를 돌아보았다. 미래를 위한 계획을 세우기는커녕 끝없이 빈둥거리며 보낸 나날이었다. 매달 받는 월급에 만족하며 희희낙락 속없이 살았던 나날은 과연 무엇을 위한 삶이었을까? 언제까지 이렇게 살아야 할까? 텅 빈 깡통

같은 머리를 어떻게 채워야 할까?

그래서 마음먹은 게 독서였고, 그렇게 독서에 매료되어 산지 올해로 6년째가 되었다. 처음 계획했던 대로 일주일에 한 권씩의 책을 읽는 것을 충실히 지켜나가는 가운데 소설, 인문, 예술, 과학, 자기계발 등 다양한 장르를 섭렵했다. 겐이치는 독서 습관이 생활에 톡톡히 효과를 내고 있음을 피부로 느끼고 있었다.

무엇보다 책을 통해 얻은 생각의 깊이와 상식의 넓이는 그가 자신의 인생 자체를 이전과는 전혀 다른 측면에서 바라보게 했다. 많은 책을 접하면서 세상을 바라보는 자기만의 철학과 안목을 갖게 된 것이었다.

물론 독서가 삶의 모든 질문들에 답을 제시하는 건 아니었다. 하지만 이전까지의 속 빈 강정 같은 삶으로는 앞으로의 인생이 어디로 굴러갈지 너무도 뻔했다. 겐이치에게 더 단단하고 유연하게 살아갈 마음가짐을 가르쳐준 많은 책들은 30대에 들어서서 그가 받은 최고의 선물이었다.

Q. 새로운 삶으로
뛰어들 준비가 되었는가?

Yes!

오직 나만을 위한 인생 설계도가 필요하다

이제 그만 가면을 벗어던져라

당신의 근거 없는 자신감은 어디서 오는가?

인생을 즐길 기회를 최대한 늘려라

3장

내 삶과 도전의
균형을 잡는
방법은?

오직 나만을 위한
인생 설계도가
필요하다

"위인이나 위인의 조건에 대한 논쟁으로
시간을 낭비 말라. 스스로 위인이 되라."

_마르쿠스 아우렐리우스Marcus Aurelius, 로마제국 제16대 황제

30대는 크게 3기로 나눌 수 있다

지금까지 30대 전체를 하나로 묶어서 이야기했는데, 세대로써 하나로 묶기 쉬운 20대와는 달리 30대는 연령별로 성장 단계나 환경의 변화, 주위의 기대감에 큰 차이가 생긴다.

무엇보다도 매년 주어지는 환경의 차이가 크기 때문에 30대를 하나로 묶기는 어렵다. 그래서 30대를 보다 깊이 이해하고 지금의 위치를 확인하기 위해 각각의 연령대를 대표하는 상황을 예로 들며 크게 3기로 나누어보겠다.

1. 30대 전기 : 30~33세

신입으로 입사하여 어느 정도의 연차가 된 연령대가 바로 여기에 해당된다. 아직은 서툰 부분이 많지만 그런대로 혼자서 성과를 올리는 데는 문제가 없다.

하지만 그렇기 때문에 많은 사람들에게 새로운 시련이 찾아오는 시기기도 하다. 왜냐하면 이때부터는 회사 안에서 어떤 역할과 책임이 뒤따르기 때문이다. 회사에 따라 직위는 다르지만 주임이나 팀장 같은 고정된 역할을 맡게 된다.

요컨대 부하직원을 지휘하고 통솔하게 되는 것인데, 그렇게 되면 자신의 성과만이 아니라 조직의 성과도 올리라는 요구에 직면하게 된다. 팀원들이 성과를 올리도록 관리하는 일은 그때까지 하지 않던 역할이기에 쉽지 않다.

하지만 이런 역할을 잘해낸다면 능력이 있다는 평가와 더불어 회사가 눈여겨보는 인재로 도약하게 된다. 반대로 역할을 해내는 것은 고사하고 지리멸렬한 모습을 보인다면 앞날이 걱정된다. 그만큼 중요한 시기라는 뜻이다.

2. 30대 중기 : 34~36세

직장인이라면 팀의 성과를 최대한 끌어올리는 수완을 끝없이 요구받게 된다. 이때 자기 역할을 충분히 해내는 사람은 신임을 얻어 한 걸음 도약하며 존재감을 발휘하게 된다.

개인의 성과를 올리는 일과 팀이 제대로 작동하도록 조율하는 일의 차이 때문에 괴로워하는 사람들에게는 시행착오의 나날일 수 있다. 30대를 지나는 과정 중에서 사람에 따라 일과 자기 삶에서 충실감을 느끼는 것에 큰 차이가 나기 시작하는 시기기도 하다.

직장인으로서 뿐만 아니라 인생 전체를 봐서도 이 시기를 가장 충실하게 보내는 사람이 성공을 향해 줄달음치게 된다. 그렇다면 이 시기를 어떻게 보내야 할까?

34세에서 36세까지 3년 동안을 누구보다 충실하게 보내는 것이 인생의 성공을 결정한다는 각오로 자기 분야의 최고 전문가가 되기 위해 독하게 공부하사. 더 많은 경험을 통해 몸으로 익힌 지식으로 단단히 무장하자.

3. 30대 후기 : 37~39세

여전히 실무를 담당하면서도, 다른 한편으로는 관리자의 위치에 오른 사람과 그렇지 않은 사람과의 차이가 본격적으로 벌어지기 시작하는 시기다.

이때가 되면 중소기업만이 아니라 대기업에서 근무하는 사람들 중에도 과장급 직책을 부여받는 사람이 있을 것이다.

이처럼 30대 후기는 그간 일해온 업무 성과가 집합되는 시기로, 40대로 향하고 있는 자신의 커리어의 방향성을 구체적으로 완성시키는 때다. 지난 시간을 돌아보면서, 부족한 부분을 보충하기 위해 최선을 다하자.

이렇게 30대를 3기로 나눠 이야기했는데, 개인차가 있기 때문에 정확하게 맞아떨어지지 않는 사람들도 있을 수 있으니 그저 하나의 기준 정도로만 생각하기 바란다.

30대의 특징을 연령대로 구분지어 머릿속에 넣어두면 현재 자신이 직면하고 있는 문제가 개인적인 것인지, 아니면 30대라면 누구나 공통적으로 부딪치는 문제인지를 판단할 수 있다. 이것만으로도 문제 해결의 실마리를 찾는 시간은 짧아지기 마련이다.

30대에는 이전까지 경험한 적이 없는 난제들이 연속해서 찾아온다. 개인적인 문제가 아닌, 30대에 공통적으로 찾아오는 문제라면 그것을 뛰어넘어 오늘에 이른 선배들에게 자문을 구하거나 도움이 되는 조언을 얻으면 된다.

이때 다른 사람들에게 물어도 해결할 수 없는 문제라면, 당신 스스로가 답을 찾아야 하기에 이제부터 진정한 도전이 시작된다. 30대는 인생의 시험대에 올라 다양한 상황과 맞서야

하는 시기인 만큼 매사에 최선을 다하기 바란다.

30대에 반드시 미래 계획을 세워야 하는 이유

설계도는 공사, 제작, 건설 분야에서 실제적인 계획에 따른 구조와 형상, 넓이와 길이 등을 일정한 규약에 따라서 구체적으로 그린 도면을 말한다.

특히 건축 현장에서 설계도의 중요성은 아무리 강조해도 부족하다. 도면에 작은 오류나 실수가 숨어 있다면 전체적인 건축 진행에 큰 영향을 끼치기 때문이다.

마찬가지로 30대 중반이 되면 자신의 미래상을 세세하게 그려 넣은 설계도가 있어야 한다. 그렇게 작성된 설계도에 따라 앞으로의 인생에 필요한 제반 작업들을 진행하게 된다.

30대 중반이 되어서도 자신이 어느 방향으로 향하고 있는지 모른 채 눈앞에 놓인 목표를 달성하는 일에만 집중해서 무조건 열심히 사는 것은, 비유하자면 마치 고속도로에서 앞차만 보고 맹렬히 달리는 것과 똑같다.

30대 전반까지는 아직 앞의 도로 상황, 즉 업계나 회사에서 일어나고 있는 변화를 상세하게 몰라도 되지만 이제 30대 중반이 되면 업계나 회사의 미래를 읽고 준비해둘 필요가 있다.

그러면서 착실히 비전을 그리고 주변 환경에 제대로 대응해나가면 누구보다 앞장서서 달려갈 수 있다. 그러니 비전을 갖지 않으면 바로 앞의 자동차밖에 보지 않는 것과 마찬가지라는 사실을 항상 잊지 마라.

혹시 자기만의 비전을 분명히 그리는 데 어려움을 느낀다면 비전을 '이미지'라는 말로 바꿔 생각해도 좋다. 3년 후, 또는 5년 후의 자신의 이미지를 떠올려보라는 것이다.

그것조차 좀처럼 떠오르지 않는다면 목표로 삼고 싶은 선배를 주목하면 된다. 그들에게 적극적으로 다가가 가르침을 받아보기 바란다. 나와 똑같은 연령대였을 때 그 사람은 무엇을 생각하고 어떻게 행동했는지를 배우라는 얘기다.

그런 사람이 주변에 없다면 회사 안팎을 찬찬히 냉정하게 둘러보기 바란다. 거래처에 그런 사람이 있을지 모르고, 평소 회사에서 그냥 지나쳤지만 알고보면 나름의 철학을 가지고 열심히 살아온 사람이 있을 것이다.

겉으로 드러나지 않을 뿐, 보이지 않는 곳에서 성장을 위해 노력하는 사람은 반드시 있다. 그런 사람을 찾아 조언을 청해보자. 당신이 배우고 싶어 하는 의욕을 드러내면 그 누구라도 분명 시간을 할애해줄 것이다.

이런 식으로 나름의 비전을 그려나가게 되면 같은 일을 하더라도 날마다 비전으로 향하는 준비를 할 수 있게 된다. 일하는 방식을 고민하게 되거나 장래에 도움이 될 만한 일에 안테나가 곤두세워져 민감하게 반응할 것이다.

그렇게 필요한 정보들이 빠른 걸음으로 내 앞으로 다가오기 시작하면 30대 중반에 더 큰 비약을 할 수 있게 될 것이다. 이 모든 것을 어쩔 수 없이 한다는 식으로 수동적으로 하지 말고, 주체적인 입장에서 설계도를 그리고 준비를 하자. 당신의 40대는 분명히 남과는 다른 열매로 풍성해질 것이다.

최대한 많은 나라를 여행하라

낯선 땅에서 시야를 넓히고
자신을 찬찬히 돌아보는 시간을 갖자.

야마다 키코는 사흘 전 7박 8일의 인도 여행을 마치고 귀국
했다. 아직 여독이 풀리지 않았지만 여행의 추억을 반추하는
것만으로도 미소가 지어지고, 피로가 싹 가시는 것 같았다.

서른 살이 되었을 때, 그녀는 30대부터는 최대한 많은 나
라들을 여행하며 견문을 넓히기로 다짐했었다. 서른여덟 살
인 지금 그녀는 지난 8년 동안 아시아, 유럽, 아메리카, 아프
리카 대륙에 걸쳐 40여 개 나라를 여행했다.

그녀는 20대를 다 보낼 때까지 가까운 나라 몇 곳을 다녀 본 것 말고는 변변하게 해외여행을 해본 적이 없었다. 그 정도로 일벌레가 되어 일만 하고 살았는데, 언젠가부터 친구들이 해외여행을 떠나는 걸 보면 부러운 마음이 생겼다.

자신도 더 넓은 세상에서 낯선 공기를 마음껏 들이마시고 싶고, 지구 끝까지 여행하면서 이야깃거리 넘치는 삶을 만들고 싶다는 생각이 들었다.

그래서 30대부터는 1년에 적어도 한 차례 이상은 어떻게 든 시간을 내어 떠나겠다고 결심했고, 월급을 받으면 여행을 위해 일정액을 저축하는 습관을 들였다.

매월 적금이 쌓일 때마다 여행을 가기로 목표한 나라에 대한 동경으로 가슴이 뜨거워졌고, 그를 위해 여행 계획을 세우고 하나하나 준비해나가는 것만으로도 삶이 한층 풍부해지는 느낌이었다.

그녀는 혼자 떠나는 배낭여행을 선호한다. 그리고 한 나라에 오래 머물며 그곳 사람들과 소통하는 것을 무척 좋아한다. 기왕 여행을 왔으니 최대한 본전을 뽑자는 식으로 이곳저곳 기웃거리는 여행법은 그녀의 사전에 없다.

한곳에 눌러앉아 여유롭게 현지인들과 어울리는 여행은

그곳이 아프리카든 유럽이든 바뀌지 않았다. 인도에서는 힌두교의 최대 성지인 바라나시Varanasi에서 삶과 죽음이 공존하는 갠지스 강과 좁은 골목을 오가는 순례자들을 바라보며 지금까지의 삶을 돌아보기도 했다.

그녀는 그렇게 머물렀던 나라에서 만난 사람들과 지금도 편지나 이메일을 주고받으며 계속 친분을 나누고 있다. 언젠가는 그들과 나눈 글과 여행담을 엮어 책으로 펴낼 계획이다.
앞으로도 체력이 허락하는 한 최대한 많은 나라를 가볼 예정이다. 그녀는 이런 여행을 통해 얻은 지식이 언젠가는 삶에 영양가 높은 이익으로 돌아올 거라고 믿는다.

여행을 하며 온몸으로 부딪혀가며 겪은 일들과 그로부터 깨달은 지혜는 그 어떤 물질적인 이득보다 훨씬 더 크게 다가온다. 여행이 원래 그런 것이 아닐까? 낯선 땅에서 자신을 찬찬히 돌아보며 과거의 나를 반성하고 미래를 위한 나를 다시 일으켜 세우는 것. 그녀가 여행을 하는 진짜 이유는 바로 이것이었다.

이제 그만
가면을
벗어던져라

"난 위험에 대해 그리 많이 생각하지 않는다.
난 그저 내가 하고 싶은 것을 할 뿐이다.
앞으로 나아가야 한다면, 나아가면 된다."

_릴리언 카터Lillian Carter, 제39대 미국 대통령 지미 카터의 어머니

자기 삶에 만족도가 높은 사람들의 특징

예전에 어느 잡지를 통해 각 기업에서 차세대 에이스라 불리는 사람들 중 30대를 중심으로 500명을 선발하여 일일이 인터뷰를 진행한 적이 있다. 나는 그들에게서 다음과 같은 특성이 나타난다는 사실을 발견했다.

① 자신의 생각을 이해하지 못하는 상사가 있으면 우선 정면으로 부딪히는 것을 피하고 다음 기회를 엿보며 지혜롭게 접근한다.

② 회사에 자신의 방식을 지원해줄 시스템이 없으면 스스로 원하는 방식이나 환경을 만들어 목표를 달성한다.

③ 자신의 관심이나 흥미의 연장선상에 있는 사업 비전을 가지고, 그것을 회사의 비전과 겹쳐서 본다. 접점이 없으면 주위를 설득 해서 강제적으로라도 접점을 만든다.

④ 신규 사업이나 다른 사람들이 하고 싶어 하지 않는 분야에서 두 각을 나타내어, 결과적으로 회사에서 인정받는 존재가 된다.

⑤ 결과와 실적으로 자신을 드러내 보이는 한편, 과정 역시 가감없 이 보여주는 등 자기표현에 능숙하다.

이 같은 공통 항목으로 알 수 있는 것은, 자율적으로 커리 어를 개발하여 자기 일에 대한 만족도를 높이는 사람들은 업 무에 대해 결코 수동적으로 임하지 않는다는 것이다.

상사가 시키는 대로 무턱 대고 일했던 20대 시절과는 달리 이제 어느 정도 경력이 쌓인 30대는 자기 분야에 익숙해진 수준에 이르렀다. 그렇다면 그런 능력이 있음을 남이 알아주 기를 기다리지 말고 적극적으로 표현해야 한다.

30대는 힘을 쏟을 부분과 그렇지 않은 부분을 알게 되었기 에 점점 업무 자체를 적당히 즐길 수 있는 상태가 된다. 그런 상태가 되면 아무래도 일에 대한 도전 의식이 옅어지게 되는 데, 이때 업무 태도가 다소 수동적인 경향을 보이게 된다.

따라서 나는 이렇게 말하고 싶다. 많은 일에 익숙해지는

30대를 자신의 껍데기를 깨야 할 시기라고 생각하고, 익숙한 것들과 과감히 결별하는 사람이 되라고 말이다. 이런 30대만이 두드러지게 활약하여 세상으로부터 높은 평가를 받게 된다.

예를 들어 회사에서 새로운 프로젝트 계획을 세우고 총대를 멜 사람을 공모하면 재빨리 손을 들어라. 다른 사람들이 외면하는 일에 일부러 참여하라는 것이다. 실패의 위험이 커도 좋다. 어쨌든 익숙함에 완전히 물들지 않는 게 더 중요한 문제이니 말이다.

내가 지금까지 상담해온 30대 중에서 커리어 만족도가 높은 사람은 전체의 1~2퍼센트 정도로 극히 소수에 지나지 않았다. 이는 30대들 대부분이 지금의 위치에 안주하거나 이를 지키려는 방어적 태도를 취하기 때문에 생기는 일이다.

나는 여러 기업에서 차세대 리더를 육성한다는 명목으로 리더십 강의를 진행하고 있는데, 과거와 비교해보면 관리직 사원들이 대체로 소심해졌음을 강하게 느끼곤 한다. 대범하게 자기 직무의 한계를 뛰어넘으려는 자세 없이 무사안일주의로 나가는 사람이 많다는 것이다.

대기업의 경우, 이사 정도의 임원들은 대부분 50대로 아무리 젊어도 40대 후반이다. 그리고 부장급이라면 40대 초중반이 많고 과장급은 30대 후반부터 40대 초반이다. 이것만 봐도 회사가 40세를 전후한 인재들을 중심으로 돌아간다는 사실을 알 수 있다.

얼마 전에 어느 기업에서 부장급 간부들만을 모아 연수를 한 자리에서 인사 담당자를 만났는데, 그에 따르면 회사에서 부장들에게 기대하는 것은 부하직원들을 하나로 엮어 부서가 성과를 올릴 수 있는 체제를 만드는 것이라고 했다.

정말 놀라운 얘기가 아닌가? 그런 업무는 과장급에서 해결해도 되는데, 부장이 그런 일을 하고 있다면 대체 과장은 무슨 일을 한단 말인가.

한마디로 말해서, 그 회사에서 과장은 정해진 기간 내에 목표를 달성하는 일에 급급한 존재라고 볼 수 있다. 그렇기에 부하직원들을 챙기는 일까지 일일이 신경을 쓰지 못하고 자기 업무를 해내는 것만으로도 버거워하는 것이다.

과거의 관리직은 경영 관리가 주된 역할이기 때문에 부하직원들에 대한 지도와 육성이 주 업무였다. 그렇기에 과장이 되면 자신의 일보다 어떻게 부하직원들을 이끌어 성과를 올리게 할지가 중요했다.

그런 과정에서 본래의 의미인 '장長'의 역할에 대해 훈련하게 되고, 그 직위에 상응하는 그릇이 되어가는 것인데, 오늘날엔 그런 식으로 관리만 하는 사람을 채용할 여유가 없다는 기업들의 생각 때문에 관리직에게 담당자의 역할까지 맡기면서 실무 겸 관리까지 책임지게 만들었다.

이로써 관리직들은 플레이어이자 코치로 경기에 나선 꼴이 되어 예전과 비교했을 때 심각할 정도로 감당하기 힘든 격무에 시달리게 된 것이다.

이런 환경 속에서 당신이 사원이자 팀의 리더로서 보다 많은 업무를 충실히 해내고 적극적으로 새로운 프로젝트에 도전하는 것에는 매우 큰 의미가 있다.

지금 하는 일에 큰 변화가 없어 일을 적당히 즐기며 해도 된다거나 업무에 대한 압박감이 별로 없다고 느껴진다면 일부러 새로운 업무를 받아서 멀티태스킹에 적극적으로 도전해보는 것도 나쁘지 않다. 가장 많이 성장할 수 있는 30대의 시간을 단순히 업무량에 짓눌려 허겁지겁 지나쳐버리는 건 정말 안타까운 일이다.

도전하는 30대만이 40대에 멈추지 않고 달려갈 수 있다. 30대에 남들이 하기 힘들어하는 일이나 아예 하지 않는 일에 도전하면 40대에 다가올 중년의 위기를 뛰어넘기가 쉬워진다는 사실을 명심해라.

40대가 되면 몸도 말을 듣지 않게 되어 밤샘 작업을 하는 등 장시간의 노동이 힘들어진다. 숙취도 좀처럼 해독되지 않고 한 번 피곤이 쌓이면 다음 날까지 풀리지 않기도 한다.

이러면 부하직원을 비롯한 젊은 세대들의 활기에 밀리는 기분이 들어 불안감과 초조함을 느끼게 된다. 더 이상 자신이 젊지 않다는 실감이 마음을 할퀴게 되는 것이다. 이렇게 서서히 자신에 대한 자신감을 잃어갈 때 중년의 위기는 찾아온다.

40대에 이르러, 아니 40대가 되기도 전에 이런 기분을 느낀다면 그야말로 최악이다. 그런 상황을 피하기 위해서라도 지기만의 분명한 도전 계획을 세워야 한다.

39세에 독립을 하고 얼마 안 되었을 때, 그토록 상승 지향심이 넘쳤던 나조차도 20대부터 30대 초반의 떠오르는 IT업계 벤처기업 경영자들의 업무 속도와 트렌드를 따라갈 수 없다고 느낀 적이 있다.

그땐 단지 발전하고 성장하겠다는 생각만 있을 뿐이지 대체 어떻게 해야 할지 모르겠는 상황에 마음이 무척 초조했다. 지금 돌아보면 바로 그 시기에 나는 중년으로 향한다는 위기의식을 느낀 것이었다.

심리학자들은 중년의 위기를 뛰어넘을 방법으로 자신이 쓰고 있는 가면을 벗어던지라고 조언한다. 페르소나persona는 그리스어로 '가면'을 나타내는 말로, 외적 인격이나 가면을 쓴 인격이라는 뜻이다.

스위스의 심리학자이자 정신과 의사인 칼 융Carl Jung은 인간의 마음이 의식과 무의식으로 이루어지는데, 여기서 그림자와 같은 페르소나는 무의식 속의 열등한 인격이며 자아의 어두운 면이라고 설명했다.

앞서 말했듯이 40대가 되면 체력적인 쇠퇴로 자칫 자신감을 잃기 쉬워진다. 많은 40대들은 주위 사람들에게 자신감을 상실한 모습을 숨기려고 의도적으로 자신의 직위나 지위를 강조하는 듯한 태도를 보이거나 자신의 실수를 절대로 인정하지 않거나 다른 사람들에게 공격적인 태도를 취한다.

그렇게 억지스러운 가면을 쓴 채 강해 보이려고 할수록 그 사람만의 매력은 점점 옅어져 간다. 심리학자들이 말하는 중년의 위기 탈출법은 바로 그 가면을 벗어던지는 것이다.

주위 사람들에게 마음을 활짝 열어놓고 상대방을 수용하

고, 감사하고, 그를 위해 무엇을 할지를 생각해서 타인을 도울 수 있도록 하자. 항상 지금의 자기 자신으로 살아가는 것만으로 충분하다는 생각으로 사람들을 대하자.

배려와 감사를 온몸으로 실천하며 살자. 있는 그대로의 자기 자신을 가감 없이 드러내고 주위 사람들의 의견을 수용하며 30대에 어떤 일들에 도전해왔는지 찬찬히 기억해보자.

30대에 맘껏 도전하지 못하는 사람은 좀처럼 자신을 신뢰하지 못하고, 인정하지도 못한다. 따라서 40대에 찾아오는 중년의 위기를 훌쩍 뛰어넘기 위해서라도 30대의 도전은 매우 중요하다. 그렇게 어려운 일에 도전해나가면서 자신이 어떤 유형의 사람인지를 알아가는 것이 30대에게는 인생이 건네는 숙제임을 잊지 말자.

초등학교 교과서를
다시 공부하자

힘들고 지칠수록 까맣게 잊고 살았던
기본과 원칙을 돌아보자.

지방대학에서 건축을 전공하고 졸업과 동시에 건설회사에
취업한 후지요시 다쓰조는 올해 서른세 살로, 이제는 업무에
익숙해져서 조금씩 삶의 여유를 찾아가고 있었다.

　설계에서 시공까지 하나의 건축물이 완성되어 가는 과정
을 총괄하는 그의 업무는 무에서 유를 창조하는 일로, 여러
사람들과 힘을 모아 새로운 건물을 세웠을 때의 기쁨은 말로
표현할 수 없는 보람을 주었다.

건설 현장에는 도처에 수많은 위험 요소가 숨어 있어 무엇보다 안전이 최우선 과제다. 건설 현장에서 의도치 않은 사고가 일어나는 원인은 안전불감증이 대부분으로 그만큼 원칙을 지키는 자세가 중요하다.

후지요시가 맡고 있는 업무는 바로 이런 부분으로 건설 진행 과정에서 안전의식이 간과되는 일이 없도록 예비하고, 단속하고, 처리하는 일이었다.

어디 건설 현장뿐이겠는가? 우리가 살면서 기본과 원칙을 무시하고 완벽에 이를 수는 없을 것이다. 그래서 후지요시는 서점에 자주 나가 업무 관련 도서를 구해 읽고, 다른 사람들의 모범사례도 접하며 자신의 삶에 최선을 다하려 노력했다.

하지만 그가 원하는 건 법률이나 사회규범이 정한 상투석인 것들이 아니었다. 인간으로서 당연히 갖춰야 할 소양으로서의 기본과 원칙을 다시 배우려면 어떻게 해야 할까?

그러다 우연히 생각해낸 것이 초등학교 교과서였다. 초등학교 교과서야말로 우리가 살면서 놓치지 말아야 할 기본과 원칙에 대한 내용으로 가득하니 다시 읽는다면 깨닫는 게 많지 않을까?

정말 그랬다. 다양한 과목의 초등학교 교과서들 속에 있는

다채로운 주제와 이야기들은 너무 흥미로워서 세파의 먼지가 가득 쌓인 머리를 정화시켜 주는 것만 같았다.

국어는 국어대로, 수학은 수학대로, 사회나 과학 과목은 그 것들대로 미사여구나 과장 없이 우리가 살아갈 기본적인 도리를 설명하고 있었다. 교과서를 읽다 보니 그동안 잊고 있었던 상식이 다시금 되살아나는 느낌이었다. 어렸을 때는 보이지 않던 행간 속의 의미들도 눈에 들어왔다.

초등학교 교과서를 접한 경험은 그 어떤 인문 서적을 읽는 것보다도 삶의 원칙과 기준에 대한 새삼스러운 안목을 주는, 아주 소중한 시간이었다.

초등학교 교과서를 다시 읽는다는 것은 각박하게 살아오면서 망각하고 있던 것들을 다시 생각하고, 그것들로부터 확장된 지식을 통해 삶의 기본을 되찾는 일이었다.

후지요시는 이런 지식들이 30대를 위한 진짜 지혜라고 생각했다. 그는 어릴 적 배운 삶의 원칙이 아니라 요령과 편의주의에 따라 살아온 지난 삶을 반성하며 이 기회에 자기 인생 전체를 재정립하겠다고 다짐했다.

Chapter
11

당신의 근거 없는
자신감은
어디서 오는가?

"난관은 낙담이 아닌 분발을 위한 것이다.
인간의 정신은 투쟁을 통해 강해진다."

_윌리엄 엘러리 채닝William Ellery Channing, 미국의 목사

강한 정신력은 타고난 것이 아니다

새로운 일에 도전하면서 성취를 위해 발버둥치는 것은 정신적으로나 육체적으로나 무척 힘든 일이다. 그 힘든 상황을 뛰어넘으려고 고군분투한 30대의 시간들을 마지막까지 잘 마무리하기 위해서는 꼭 필요한 일이 있다. 그것은 바로 '자기효능감self-efficacy'을 끌어올리는 일이다.

자기효능감이란 특정한 상황에서 어떤 결과를 얻어내기 위해 적절한 마음가짐이나 행동력을 바탕으로 자신이 현명하게 잘 처신할 수 있다고 믿는 마음을 가리킨다.

자기효능감이 높은 사람은 자기 능력으로 감당하기 어려운 일과 맞닥뜨렸을 때, 처음엔 어떻게 대응해야 할지 몰라 전전긍긍하더라도 결국엔 해낼 거라 믿으며 서슴없이 일을 진행해나간다.

이런 마음가짐은 막연히 '어떻게든 되겠지' 하는 추상적인 태도가 아니라 어떤 곤란이라도 당당하게 맞서서 도전을 계속하겠다고 다짐하는 사람들에게서 보이는 전형적인 모습이다. 그들은 태생적으로 정신력이 강하다기보다는 후천적으로 자기효능감을 높여온 것이라고 할 수 있다.

그렇다면 자기효능감은 어떻게 높일 수 있을까? 그것은 성공 경험의 축적에 달렸다. 경쟁력 있는 조직을 만드는 변화 관리의 비결을 담은 책《변화의 리더십John P. Kotter on What Leaders Really Do》으로 유명한 하버드대학 교수 존 코터John P. Kotter는 이렇게 설명한다.

"직장인이 되어 처음 배치된 부서에서 업무를 현명하게 수행하고, 심지어 곤란하다고 여겨지는 업무를 담당하면서도 좋은 결과를 창출하면, 그 결과 자존감이 높아지고 자신감이 붙는다. 그것이 성공자들에게서 발견되는 전형적인 패턴이다."

하지만 조직사회에서는 이 같은 선순환의 길을 순탄하게

밟아나갈 수 있는 사람만 있는 게 아니다. 우선은 입사 연차가 얼마 안 되는 신입사원은 간단한 업무 성과조차 올리기가 어렵다.

또한 어쩔 수 없이 프로젝트를 담당했을 때는 생각대로 행동하지 못하는 경우가 태반이다. 이럴 경우에는 어떻게 하면 좋을까? 업무에서 성과를 올린 경험이 축적되는 방법 외에 자기효능감을 올릴 수 있는 방법은 없을까?

예를 들어 동기 모임을 기획하고, 추진하고, 성공시켜서 동기들로부터 감사의 인사를 받는 경험 같은 일도 자기효능감을 높인다. 그러면 그때까지 별로 교류가 없던 동기와도 가벼운 농담을 주고받는 사이가 되고, 타 부서의 협력이 필요할 때는 부탁할 수도 있으니 회사 내의 협력 체계가 넓어져서 업무가 훨씬 원활히 돌아갈 수 있다.

반드시 업무 성과로 연결되지 않더라도 이런 경험들은 언젠가 당신에게 큰 힘이 되어줄 것이다. '지금은 일이 잘 안 풀리지만 나를 필요로 하는 동료들이 많이 있다'고 느끼면, 정신적으로 힘들 때 마음의 위안이 되어줄 것이다.

주변에 강한 정신력의 소유자가 있으면 그를 무척 부러워하면서 '나도 그 사람처럼 강한 정신력을 갖고 있으면' 하고 바란다. 그렇다면 보통 사람은 감히 흉내도 내지 못할 강한 정신력은 어떻게 생기는 것일까?

당연히 타고난 기질로 인해 무쇠 같은 정신력을 가진 사람도 있겠지만, 심리학자들은 그런 마음 상태는 얼마든지 배양할 수 있다고 말한다.

조금은 힘들어 보이는 문제 앞에서 그냥 주저앉거나 물러서지 말고 자꾸만 부딪치다 보면 그런 경험이 쌓이게 되고, 생각보다 별것 아니라는 사실을 알게 된다. 그러면 아무리 험난한 도전이라도 예전처럼 소심하게 물러서지 않게 된다.

강한 정신력은 스스로 키울 수 있고, 자기효능감 또한 얼마든지 활발하게 작동하게 만들 수 있다. 결론은 역시 도전이다. 벽 앞에서 우왕좌왕 머뭇거리지 말고, 결과를 미리 예단하지도 말고, 일단 자기 앞에 놓인 숙제에 과감하게 도전해라. 그 순간부터 삶은 바뀌기 시작한다.

당신은 근거 없는 자신감을 가지고 있는가?

만약 누가 당신에게 '당신의 그 자신감은 대체 어디서 나오는 건가요?'라고 묻는다면, 당신의 미래는 매우 희망적이다. 근거 없는 자신감의 소유자는 자기효능감을 높이기가 훨씬 쉽다. 이들은 다음 3가지 마음가짐을 항상 생각하고 되뇌이고 있기 때문이다.

① '나는 할 수 있다', '세상에 못할 일은 없다'고 굳게 믿는다.

② 어떤 곤란한 상황에도 목표를 향해 나아간다.

③ 기어이 목표를 달성해서 주위로부터 인정받고 싶다.

이런 사람들은 스스로가 자기효능감을 높이려고 계속 노력하기 때문에 거듭해서 도전을 펼쳐나가고, 이런 순환이 점점 자신을 높은 곳으로 향하게 등을 떠밀어준다.

그러다 설령 실패하더라도 자기효능감이 높은 사람은 '실패가 있었기 때문에 배운 게 있다. 다음엔 확실히 하자!'고 생각한다. 이런 생각이 그를 더욱 강하게 만든다.

그러나 근거 없는 자신감을 가졌다고 해도 '어떻게든 되겠지'라고 쉽게 생각하면서 아무것도 하지 않는 사람은 그저 과잉된 자신감의 소유자로 끝나버리기 십상이다.

근거 없는 자신감이라고 말했지만, 구체적인 실행 계획이라곤 하나도 없이 무조건 하늘의 도움만 기다리고 있다면 돌아오는 것은 실패와 좌절뿐이다. 자신감의 근거를 만들어내기 위해서는 나름의 노력이 필요하다는 얘기다.

애플에서 인사관리 담당자로 일할 때 알고 지낸 법무팀 본부장 N씨는 내가 지금까지 만나본 사람들 중에서 근거 없는 자신감이 가장 넘치는 사람이었다.

그는 고등학교 졸업 후에 도쿄대학교를 목표로 열심히 공부했지만 안타깝게도 불합격했다고 한다. 그래서 사립대 경제학부에 입학했는데, 샐러리맨으로 사는 것만은 정말 싫어서 1학년 때부터 변호사가 되기로 결심하고 오로지 사법시험 공부만 죽어라 했고, 대학 졸업과 동시에 합격했다.

사법연수원 시절에는 어떻게든 되겠지 하며 그저 놀기만 했다고 한다. 그런데 그가 말한 논다는 것은 그저 여기저기 놀러 다닌 게 아니라 관심 분야인 기업 법무 쪽의 동향을 파악하려고 국내외 경제신문을 열심히 읽거나, 기업 관련 세미나와 연수를 찾아다니며 열심히 경제 공부를 한 것이었다.

법률 공부를 게을리했기 때문에 수료 시험에서 합격할 처지가 안 되었지만 마침 친하게 지내던 동기가 예상 문제를 족집게 식으로 뽑아준 덕분에 무사히 합격할 수 있었다고 한다.

그 후 통상 교섭 전문 로펌에 들어가 2년 여를 근무하다가 미국 대학으로 파견 유학을 가게 되었는데, 당연히 업무상 로스쿨로 가야 했지만 그는 경영경제에 관한 지식을 쌓고 싶어 비즈니스스쿨에 지원했다고 한다.

그때 나는 비즈니스스쿨로 진학하기 위한 예비 학원에 다녔었는데 그곳에서 당시 30대였던 N씨와 알게 되었다. 그는 매사에 자신만만이어서 스스로 거물이라도 된 듯한 분위기를 풍겨댔는데 그런 자신감은 대체 어디서 나오는 것인지 모두가 혀를 내두를 정도였다.

비즈니스스쿨을 수료한 후에, 그는 일본의 로펌으로 복귀하지 않고 국제 감각을 익히겠다는 명목으로 세계적인 석유회사 본사의 법률팀으로 들어갔다.

그로부터 몇 년 후 애플의 인사관리 담당자가 된 내가 그에게 애플 일본 지사의 법무팀 본부장직을 권유했고, 그렇게 해서 그가 일본으로 돌아오게 되었다.

입사 조건을 정할 때, 자신의 가치를 높이 평가받으려는 그의 모습을 보고 정말 대단한 교섭 기술이라고 감탄했다. 실제로 애플에서 일하는 모습 또한 실로 대단했다. 이 시기에 애플 일본 지사는 창사 이래 최고 엘리트 사원들이 모여 최고

이익을 창출했는데 그가 가장 선두에서 일했다고 해도 과언
이 아니었다.

그 뒤, 그는 다른 외국계 IT 기업의 법무 담당 임원을 거쳐
글로벌 패션 브랜드 '유니클로Uniqlo'에 들어갔다. 재미있는
일은, 이 회사에는 법무 책임자로 입사했는데 뭐든 자신이 있
다고 생각했는지 도중에 국내외 점포 개발을 담당하는 영업
개발부서의 책임자로 자리를 옮겼다는 것이다.

이 회사에서 3년 정도 일하고 퇴직한 후에, 그는 엄청난 규
모의 외국계 IT 기업 법무 담당 대표이사로 취임했다. 하지만
얼마 안 있어 스스로 대표직을 차버리고 사업부 부장으로 일
하다가 지금은 독립해서 활동 영역을 넓혀가고 있다.

많은 사람들이 N씨의 선택에 대해 의아해하면, 그는 이렇
게 대답하곤 했다.

"저는 뻔히 보이는 쉬운 일은 싫습니다. 그래서 일부러 보
이지 않는 위험 부담을 떠안습니다. 그렇게 해서 성공을 거둘
때마다 느끼는 성취감이 지금의 저를 존재하게 하는 원동력
입니다."

오랜 기간 그를 봐오면서 한 가지 분명히 말할 수 있는 것

은 그가 일부러 선택해서 얻어온 폭넓은 경험들은 다른 변호사들이 갖고 있지 않는 강력한 무기가 되어 그의 시장가치를 최대한 끌어올리고 있다는 점이다.

자기만의 괄목할 만한 길을 선택해서 거침없이 달려가는 그의 모습에서, 나는 종종 근거 없는 자신감에 차서 자신의 미래에 대해 말하던 30대 시절의 그를 떠올리곤 한다.

자기만의 공간을 만들어라

자신을 위로하고 응원할 수 있는 혼자만의 피난처에서
일상의 무게를 덜어내자.

디자인회사를 운영하는 이시즈미 게이코는 오늘도 늦은 시
간까지 야근을 하며 온몸을 휘감는 피로를 느꼈다. 벌써 닷새
째 야근이 계속되고 있으니 그럴 만도 했다.

　패션회사 디자인팀에서 일하다 퇴직하고 작게나마 회사를
차린 지 3년이 되었다. 이전 회사에서 그녀의 재능을 지켜본
몇 곳의 거래처들이 밀어주고 있어 회사는 그런대로 운영되
고 있다.

　두 명의 후배들과 회사를 시작했는데, 모두들 자기 일에 열

심이어서 납기를 맞춘다든지 완성품의 품질을 유지하는 일
은 고객들이 꽤나 만족스러워하는 수준으로 해내고 있었다.

그래도 문제는 있었다. 회사를 운영하면서 너무 일에만 매
몰되어 살다 보니 삶이 몹시 각박해지는 느낌이 든다는 것이
었다. 때때로 가슴에 쌓인 스트레스를 풀어줄 무엇이 필요했
지만, 혼자서 쉴 만한 한적한 공간을 찾기란 쉬운 일이 아니
었다. 가끔 친구들과 도심의 카페나 술집을 찾았지만, 너무
번잡스럽게만 느껴졌다.

최근 그녀는 집 근처에 있는 카페를 자주 찾는다. 이렇다
할 특징도 없는 작은 카페에서, 혼자 와인을 마시며 조용히
클래식 음악을 듣는 게 요즘의 취미가 되었다.
마음씨 넉넉한 주인은 젊어서 고등학교 음악 교사를 했다
는 중년 여성으로, 그녀와 마주 앉아 이런저런 얘기나 나누다
보면 어느새 피로가 풀리는 느낌이었다. 그만큼 안온하고 따
뜻한 분위기가 그녀를 편안하게 했다.

언젠가부터 그곳은 단골집이 되었다. 언제든 마음 편히 대
해주는 주인과 허물없이 대화를 나누다 보면 디자이너이자
회사 대표라는 데에서 오는 중압감에서 벗어난 자신을 발견

할 수 있었다.

더구나 누구의 간섭도 받지 않고, 주변의 눈치도 볼 것 없이 지낼 수 있어서 여기만 오면 자유를 느낄 수 있어서 좋았다.

또 이 가게는 집 근처에 있어 아무 옷이나 간단히 걸쳐 입고 올 수 있었다. 무슨 말을 하든 맞장구를 쳐주는 주인과 이런저런 이야기를 나누다 보면 위로를 받는 느낌이 들었다.

때로는 이곳에 혼자 앉아 괜히 울적한 기분에 훌쩍거리며 울 때도 있었다. 그러면 뭐 어떤가. 삶의 팍팍함에 마음이 무거워지면 눈물을 흘리며 스스로를 달랜다. 이곳은 바로 그럴 수 있는 자유와 여유를 그녀에게 주었다.

그녀에게 그곳은 일상의 무게를 덜어내는 피난처였다. 자기 자신을 스스로 위로하고 응원하며 삶을 성찰할 수 있는 혼자만의 공간인 것이다. 그녀는 낯선 사람들과 부대끼지 않으면서도 언제 가도 환영을 받는 그런 공간을 한두 곳 더 물색할 예정이다.

인생을
즐길 기회를
최대한 늘려라

"도전은 우리로 하여금 새로운 무게중심을 찾게 하는 선물이다.
맞서 싸우지 마라. 그저 중심을 잡을 수 있는 다른 방법을 찾아보자."
_오프라 윈프리Oprah Winfrey, 미국의 방송인

개인적인 삶에서도 새로운 도전을 시작하라

당신은 최근 몇 년 동안 개인적인 생활에서 새롭게 시작한 일이 있는가? 40대 관리직을 대상으로 열리는 연수에서 이런 질문을 던지면, 그렇다고 손을 드는 사람을 찾아보기 힘들다.

한 번 생각해보자. 일상에서 새로운 것에 도전하거나 창의적인 일을 하지 않는 사람이 과연 회사에서 좋은 아이디어를 내거나 새로운 사업 모델을 제안해서 혁신을 일으킬 수 있을까?

멘탈 코치로 유명한 츠지 슈이치辻秀—는 혈류를 저하시키고 피를 딱딱하게 만드는 위험 요소에 대해 다음과 같이 설명했다.

"고학력 출신으로 일류 조직에서 일해온 40대 이상의 남자들은 혈류가 저하될 위험에 상시 노출되어 있다. 이런 위험 요소를 지닌 채로 세월을 보내는 생활에 익숙해지면 변화를 극단적으로 싫어하게 된다."

우리 몸의 혈류와 마찬가지로 회사에서도 그런 인물들이 조직의 경화硬化를 앞당긴다. 이들의 해악은 자기 혼자만 경화 상태에 머물지 않고 도처에 나태와 안일이라는 병균을 퍼뜨린다는 점이다.

이런 사태를 피하기 위해서라도 새로운 일에 도전하는 습관이 중요하다. 업무에서든, 개인생활에서든, 새로운 일을 시작하면 자극을 받게 되고, 그것을 계기로 삶에 새로운 관점을 갖게 된다. 게다가 새로운 사람들과 인맥까지 구축할 수 있다.

그리고 운동을 시작하라. 운동을 하지 않으면 체력이 쇠퇴하는 것은 당연하고 뇌가 경직되는 타격마저 불러와 급기야 회복 불능의 상태에 이르게 된다. 그렇기에 30대들은 체력 강화를 위해 운동하는 습관을 길러야 한다.

30대 후반부터 운동 부족으로 서서히 배가 나오기 시작하면 특히 조심해야 한다. 나도 이제 늙는구나 하는 마음에 지레 포기해버리면 체형 변화에만 그치지 않고 자기효능감까지 급격히 떨어진다. 그러면 새로운 것에 대한 도전은 더욱 귀찮아진다.

미국 기업들 중에는 비만인 사람은 아무리 능력이 있어도 관리직에 오를 수 없다는 규칙을 만들어놓은 경우도 있다고 한다. 자기관리도 제대로 못하는 사람이 경영 관리를 할 수 있을 리가 없다고 생각하기 때문이다.

그러고 보면 텔레비전을 통해 보는 유명 기업의 CEO나 고위직 관리자들치고 비만인 사람은 찾아보기 힘들다. 그들은 마치 자기관리를 제대로 하지 못하는 사람은 혁신을 일으킬 수 없다고 믿는, 보이지 않는 규율 속에 살아가는 사람들 같다.

나는 이 문제를 매우 심각하게 보기 때문에 30대기 한참 지난 지금도 매년 체력 강화를 위해 새로운 도전을 거듭하고 있다. 이제껏 내가 해온 도전들을 여기에 소개하니 참고 삼아 보기 바란다.

- 7년 전 : 어릴 때부터 꿈꿨던 킥복싱을 시작했다.

- 6년 전 : 도쿄아마추어야구연맹에 가입된 야구팀에 들어가 주말마다 투수로 맹렬히 공을 던지고 있다.

- 5년 전 : 1년에 한 번씩 후지산 등반을 계속하고 있다.
- 4년 전 : 헬스클럽에 등록하여 전문 강사의 지도 아래 체력 강화 훈련을 계속하고 있다.
- 3년 전 : 골프 레슨을 본격적으로 받기 시작했다.
- 2년 전 : 마라톤 풀코스를 완주했다.
- 1년 전 : 댄스스포츠와 가압 트레이닝을 시작했다.

1년 전 댄스스포츠를 시작한 것은 직장인들을 위한 리더십 세미나에서 직접 춤을 추기 위해서였다. 나는 근엄한 강의는 질색이다. 마음을 터놓고 대화하기 위해서 미숙하나마 댄스스포츠를 가르치며 어색한 분위기를 깨려고 한다. 앞으로도 지금까지 하지 못한 것들에 도전해서 내 삶의 외연을 넓혀나갈 작정이다.

거기에 에베레스트가 있기 때문에 찾아간다

일을 주체적으로 하는 사람들은 가혹하다 싶을 정도로 나쁜 환경에 놓여도 전혀 상관없는 것처럼 하나같이 즐거운 표정을 짓고 있다.

그 정도로 자기의 일을 즐기는 수준이라면 어딘가 모르게 완벽한 엘리트 직장인일 거라는 이미지가 있어 나와는 전혀 상관없는 이야기로 들릴지 모른다. 하지만 절대 그렇지 않다.

오늘날 활발하게 활동하는 많은 30대들은 일에서 즐거움을 발견하는 일이 또 다른 성장을 위해 빼놓을 수 없는 과정이라는 사실을 온몸으로 보여주고 있다.

지금 당신은 하는 일이 즐거운가? 진심으로 일이 즐겁다고 답하는 사람은 일의 어느 부분에서 즐거움을 느끼는 것일까? 월급날이나 특별 보너스 같은 금전적 이유 때문에 즐거움을 느끼는 경우도 물론 있을 것이다. 아니면 상사에게 업무적으로 칭찬을 받았을 때, 고객에게 감사 인사를 받았을 때, 후배의 성장을 지켜볼 때라고 대답하는 사람도 있을 수 있다.

당연히 어느 것이든 중요하지만, 이런 요소들에는 문제점이 도사리고 있다. 그런 일들은 직장생활을 하면서 빈번하게 일어날 수 없다는 점에서 그렇다.

만약 쉽게 일어나지 않는 일에서 즐거움을 찾으면 어떻게 될까? 그러면 압도적으로 많은 그렇지 않은 시간들이 자연스레 즐겁지 않은 시간이 되어버린다. 일찍이 이런 문제를 연구해온 사람이 있다. 바로 미국 클레어몬트대학의 심리학 교수

미하이 칙센트미하이Mihaly Csikszentmihalyi가 그 사람이다.

그는 여러 직종에 종사하는 사람들이 각자 큰 곤란에 직면했을 때 어떻게 어려움을 헤쳐나가고 마지막까지 버텨냈는지를 알아보았다.

그의 연구에 따르면, 사람들은 큰 곤란에 직면했을 때 스스로에게 즐거움이라는 동기를 부여함으로써 일을 원만한 쪽으로 진행하게 만들어 해결에 이른다고 한다.

아무리 힘든 일이라도 그 자체를 즐기려는 마음으로 어려움을 극복한다는 얘기다. 그는 이런 상태를 '프로의 경지'라 칭하며 그 단계에 이르는 조건으로 다음 3가지를 제시했다.

1. 자기목적적autotelic 행동

자기목적적 행동이란 현재 눈앞에 드러난 일에 도전하는 걸 목표로 삼는 행위를 말한다. 암벽 등반을 좋아하는 사람은 왜 목숨을 걸고 하늘을 찌를 듯한 절벽에 도전하는 것일까?

작은 요트를 타고 세계 일주를 감행하는 사람은 대체 무엇을 위해 자진해서 그런 고생을 감행하는 것일까? 누구에게 칭찬을 받거나 스폰서로부터 상금을 받는 걸 행복으로 여기며 산에 오르는 건 아닐 것이다.

영국 케임브리지대학을 졸업한 전형적인 인텔리였던 조지 맬러리George Mallory는 한때 교사로 일했으나 산악인으로 전향하며 세계적으로 이름을 떨쳤다.

그를 세계적인 산악인으로 만든 것은 에베레스트에 대한 끝없는 도전 때문인데, 이미 두 차례나 에베레스트에 오른 그가 세 번째로 등반에 도전한다고 했을 때 사람들은 고개를 갸웃하면서 물었다.

"대체 무엇 때문에 그렇게 필사적으로 에베레스트에 오르려고 하는 겁니까?"

이에 조지가 대답했다.

"거기에 있기 때문입니다."

거기에 에베레스트가 있기 때문에 찾아간다는 간단한 한마디를, 사람들은 숭고한 의무감에 따라 움직이는 한 용감한 인간의 뜨거운 웅변으로 들었다.

2. 자율성 autonomy

자율성은 다른 사람의 말에 따르기 보다는 주체적으로 행동하는 태도를 가리킨다. 자율성이라는 말을 주체성이라는 말로 바꿔도 좋을 것이다. 30대의 모든 준비 작업은 결국 40대에 얼마나 주체적인 인간이 될 것인지를 규정하는 바로 미터가 된다.

30대 직장인이 상사에게 휘둘려서 어쩔 수 없다는 불만 섞인 하소연을 남발하면서 어제와 똑같은 행동을 반복한다면 결코 프로라고 부를 수 없다. 누군가에게 예속되어 자기 철학이나 의지를 전혀 펼치지 못한다면 30대 이후는 심히 곤란한 인생이 될 것이다.

3. 숙달 mastery

숙달은 자신의 의지대로 일할 수 있게끔 스스로를 조절할 수 있는 감각을 지니는 단계를 말한다. 이는 어떤 바람에도 흔들리지 않고 자신의 일에 집중하는 고수의 자세이다.

자신의 일과 역할 자체를 즐기고, 동시에 주체적으로 일하면서 자기 삶을 조절한다. 자신이 성장해가고 있음을 실감하면서, 그런 모든 행위를 즐기는 사람이야말로 프로다.

이 3가지를 실천하는 예로 운동선수를 살펴보자. 아무리 일류 선수라 해도 4년에 한 번뿐인 올림픽을 목표로만 하면 높은 동기부여를 찾기 힘들 것이다. 금메달리스트들 대부분이 올림픽 이후에는 일시적으로 경기장을 떠나 있다가 때가 되면 다시 예전처럼 전력을 다하는 걸 봐도 알 수 있다.

프로 운동선수들은 1년 동안 피를 토하는 괴로움을 견디며 훈련을 하고, 실제 경기에 나가는 일상을 반복한다. 그들은 어떻게 그런 상황을 견딜 수 있는 것일까? 그것은 연습 자체가 자기목적화 되어 있기 때문이다.

그래서 그들은 체력 강화, 신체부위별 단련, 지금까지 해낼 수 없었던 동작 연습, 좋은 컨디션 유지 등의 고된 자기관리를 즐거운 기분으로 감당하며 비지땀을 흘린다.

이때 아마추어 선수들처럼 오직 감독의 지시에 따라 훈련한다면 지극히 수동적인 상태가 되어 감독의 눈이 닿지 않는 곳에서는 태만해지거나 연습을 게을리하게 된다.

물론 프로 선수들은 그렇지 않다. 그들은 스스로 생각하면서 자율적으로 자기관리를 해나간다. 그렇게 매일 주체적으로 행동함으로써 자신이 추구하는 이상적인 이미지에 가까워지는 것이다. 이렇게 자기 스스로를 조절하면서 성취감과 만족감을 얻는 과정이야말로 30대들이 진정으로 본받아야 할 모습일 것이다.

발명가가 되어라

매일 똑같은 일상에 안주해서는 안 된다!
날마다 삶을 새롭게 하는 창의적인 자세를 갖자.

기계제작회사 생산부에서 일하는 서른여덟 살 다카시 사이토는 팀원이 20명인 생산라인을 이끌고 있다. 세밀한 기계 부품을 만들어내는 일이라 정밀함과 인내심이 요구되기에 다카시는 팀원들에게 항상 성실함을 강조한다.

이제 이 회사에 입사한 지 15년째다. 어찌 보면 어제도, 그제도, 그리고 오늘도, 항상 똑같이 반복되는 일상이기에 주어진 일에 무조건 충실하기만 하면 될 일이었다.

하지만 다카시는 그런 소극적인 태도로 삶에 안주하며 세월을 보내고 싶지 않았다. 수동적으로 회사생활에 임하기보다는 모든 일상에 새로움을 부여함으로써 무엇보다도 자기 삶에 고효율을 가져다 주는 능동적인 인간이 되고 싶었다.

답을 찾기는 어렵지 않았다. 판에 박힌 일상에 창의성을 더하기로 했다. 점점 화석처럼 굳어가는 머리에 기름칠을 하듯 일상에서 새로움을 찾는 크리에이터가 되기로 했다.

그는 발명가의 생활 방식을 자신의 일상에 적용해보기로 했다. 발명가는 기존의 것을 버리고 새로운 방식과 형태, 그리고 장치를 만들어낸다. 그렇기에 현실 안주는 최고의 적이다.

직장인은 너나없이 매너리즘에 빠지기 쉽다. 매일 똑같은 일상의 늪에 빠져 지내다 보면 아무 의미도 보람도 찾지 못한 채 1년이 가고, 10년이 가면 언젠가부터 껍데기만 남은 인간이 되어버린다.

이런 삶은 30대에게 스스로를 파괴하는 독으로 작용할 것이다. 다카시는 그런 존재로 살고 싶지 않았기에 수없이 많은 실험을 거듭하며 새로운 것을 찾아가는 발명가처럼 삶을 살기로 했다.

발명가가 된다는 것은 지금까지와는 전혀 다른 방향에서 삶을 바라보는 것이었다. 하나의 틀에 고정되는 게 아니라 현실에서 얼마쯤 떨어져서 전혀 다른 무엇을 찾아내야 했다.

이것이 바로 혁신이고, 날마다의 삶을 새롭게 재창조하는 자세가 아닐까? 다카시는 이런 마음가짐과 생활태도를 회사 생활에 적용하기 위해 팀원들과 머리를 모았다.

뭐든 가능했다. 간단한 서류 작성부터 제작 공정에 임하는 방식, 생산품의 관리, 일하는 태도에 이르기까지, 모든 부분에 새로운 패턴을 부여해서 효율을 높여나가기로 했다.

다카시는 이제 자기 삶의 모든 부분에 이런 창의성을 대입시킬 예정이다. 그저 말로만 창의적인 게 아니라 모든 면에서 발상의 전환을 통해 삶의 질을 높이기로 했다.

인생의 한복판인 30대에 발명가로서의 생활 패턴을 찾는 것은 뻔한 일상에 참신한 레시피를 더하는 것과 다름없다. 정확히 인생의 가운데쯤을 살아가는 그는, 자신의 한계를 뛰어넘는 것이야말로 앞으로의 인생을 위해서라도 매우 중요한 일이라는 걸 깨달은 것이다.

Q. 내 삶과 도전의
균형을 잡는 방법은?

절대 되고 싶지 않은 선배를 롤모델로 삼아라
하지 않아서 생기는 후회는 평생을 간다
지금은 너무 이르지도, 늦지도 않은 시간이다

4장

오늘이야말로
도전하기에
딱 좋은 날이다

절대
되고 싶지 않은 선배를
롤모델로 삼아라

"인생은 학기처럼 구분되어 있지 않다.
여름 방학이란 것은 아예 있지도 않고,
극소수의 상사만이 당신의 자아 발견에 관심을 가진다."

_빌 게이츠Bill Gates, 미국의 기업가

회사생활과 개인생활 모두 충실하게 보내려면

사회인이 되고 나서 줄곧 일에만 매달려왔던 30대 중반이라면, 이제부터는 자신의 커리어를 위해 자기 투자를 해야 한다.

자기 투자는 자격시험이나 MBA 등 일과 병행할 수 있는 것이면 무엇이든 좋다. 이런 식으로 회사생활뿐만 아니라 개인적인 생활에도 충실하면서 워라밸work and life balance을 실천하는 것은 당신을 더욱 성장하도록 이끌어줄 것이다.

단, 워라밸이라 해서 회사 업무에는 적당히 손을 놓고 개인생활의 향상에만 눈을 돌린다면 본말이 전도된다. 그러면 일에 만족할 수 없고 평가도 제대로 받지 못하기 때문에, 사생활을 충실히 한들 진정으로 즐거운 삶은 찾기 어렵다.

나의 개인적 관점으로 본 워라밸은 자신의 인생과 커리어를 주체적으로 설계해서 인생의 방향을 스스로 정해가는 것이다. 여기에는 자율성과 자기책임이 전제되어야 한다.

그렇지 않아도 바쁜 30대 중반인데 업무와 더불어 자격증 공부 같은 자기계발에 투자를 하고, 가족과도 함께 보내는 시간을 확보하는 등 모든 일들을 충실히 하기란 애시당초 무리라고 생각할지 모른다.

그렇다면 방법은 하나뿐이다. 우선순위를 정하고, 그것들 하나하나에 전력을 다하는 것이다. 누구에게든 평등하게 부여되는 것이 시간이므로 이를 지혜롭게 쪼개어 활용하자.

시간 배분이 어렵다고 말하는 사람들이 많은데 사실 이는 매우 단순한 얘기다. 저 사람은 대체 어떻게 시간을 활용하고 있는지, 잘 시간이나 있는지 걱정이 드는 사람들을 잘 살펴보라. 그들은 할 일을 죄다 펼쳐놓은 다음 우선순위를 정하는 방법으로 생활하고 있음을 알 수 있다.

그럼 우선순위는 어떻게 정하면 좋을까? 일, 자기 투자, 가족 행사 등을 구체적으로 하나씩 개별적으로 나눠서 내 인생에서 얼마나 중요한지, 그 일을 하지 않으면 후회할지 같은 의문부호를 던지며 판단하면 된다.

나는 서른 살에 미국 유학을 가기 전, 유학을 준비하는 1년 동안 생활의 우선순위에 관해 아내와 충분히 대화를 나누었다. 덕분에 아이가 있음에도 일상생활의 90퍼센트를 유학을 준비하는 일에 집중할 수 있었다.

그러나 집에 돌아와서는 매일 아이를 씻기고, 기저귀를 갈거나 밤에 아이가 심하게 울면 달래주거나 하면서 가능한 육아에 적극 참여했다.

가족과 함께 생활하는 것 또한 유학의 목적 중 하나였기에 미국에 있을 때는 가족과 함께 지내는 시간을 최대한 확보하는 방향으로 우선순위를 정하려고 노력했다.

귀국하고 나서 둘째 아이가 생겼는데, 7년 동안 세 곳의 회사를 옮겨 다니면서도 아이들의 체육 대회, 참관 수업, 입학식, 졸업식, 발표회 같은 행사가 있으면 내 인생에서 절대 놓칠 수 없는 일들이라 생각했기에 전부 출석했다.

계절마다 가족끼리 가는 캠프, 스키 여행 같은 가족 행사도 빠뜨리지 않고 합류했기 때문에 가족들에게 이렇게 해주었더라면 좋았을 텐데, 하고 후회할 만한 일이 별로 없다. 지금

은 이미 사회인이 된 아들과 대학생인 딸과도 계속 사이좋게
지내는 것도 바로 그 덕분이라고 생각한다.

자신의 장래로 이어지는 일에 시간을 써라

이제부터 일을 하면서 현명하게 시간을 사용하고 관리하는
방법에 대해 알아보겠다. 30대 중반이 되면 직장에서 좀 더
힘들고 복잡한 업무를 맡게 되기 때문에 이전과는 전혀 다를
정도로 바쁘게 된다.

그러나 정신을 차릴 필요가 있다. 너무 바쁘다고 중심을 잃
게 되면 잡무에 치이게 되고, 결국 일의 노예가 되어 헤매게
된다. 현명하게 시간을 사용하는 사람들은 자신의 장래로 이
어질 만한 것들에 최대한 시간을 할애하고 있다는 것을 알아
야 한다. 즉 쓸데없는 짓은 일절하지 않는다는 것이다.

런던대학 비즈니스스쿨의 전략 및 국제경영학 교수 수만
트라 고샬Sumantra Ghoshal은 현대인들의 매일 바쁘게 사는 삶
에 대해 '쓸데없는 다망多忙'이라고 불렀다. 또 로마시대의 철
학자 세네카Seneka는 이를 '게으른 다망'이라고 지칭하면서
아주 유명한 말을 남겼다.

"바쁘기 때문에 그림을 그릴 수 없는 게 아니라 그릴 수 없기 때문에 바쁠 뿐이다."

여기서 말하는 그림이란 바로 비전을 가리킨다.

현대인은 누구나 바쁘다. 이렇게 말하면 별로 바쁘지 않은 사람은 그만큼 일에서 떨어져 나와서 사회라는 시스템에서 소외되어 있는 것처럼 들릴지도 모르겠다.

우리 주변을 보면 쓸데없는 다망, 즉 넘쳐나는 바쁨에 휩쓸려 지내는 사람들이 너무도 많다. 그들은 너무 바빠서 혼자만의 시간을 내어 자기만의 비전을 그릴 수 없다고 말한다. 하지만 그들은 바쁘기 때문에 미래를 생각하고 준비하지 못하는 게 아니라 그런 준비는 엄두도 내지 못하기 때문에 쓸데없이 바쁠 뿐이다.

여기 직장인들이 눈여겨볼 만한 '시간 관리 매트릭스'가 있다. 직장인이라면 누구라도 현명하게 시간을 사용할 수 있게 만든 매뉴얼이므로, 당신의 일상에 꼭 적용해보기 바란다. 분명히 도움이 될 것이다.

시간 관리 매트릭스

	긴급	긴급하지 않음
중요	• 기한 • 고객 불만 사항 대응 • 고객을 위한 제안 • 임원을 위한 보고서 　작성 및 제출	• 비전을 위한 창작 • 계획과 준비 • 교육 • 인맥 구축 • 비일상적 업무
중요하지 않음	• 전화 • 회의 • 메일 대응 • 상사에게 보고 • 그 외 돌발사항	• 인터넷 서핑 • SNS • 게임 • 불필요한 메일 • 쓸데없는 전화

　'긴급/중요' 항목에 속하는 일들은 당연히 중요하지만, 어느 조사에 의하면 여기에 해당되는 일조차도 전체적인 업무의 15~20퍼센트밖에 되지 않는다고 한다. 반면에 '긴급/중요하지 않음' 항목에 속하는 일들은 잡무라고 할 수 있는 것들인데, 전체의 70~80퍼센트를 차지한다고 한다.

　그러면 남은 시간은 5~10퍼센트 정도밖에 되지 않는다. 그 시간에 대부분의 사람들은 긴급하지 않고 중요하지 않은 항목에 속하는 일로 채워버린다고 한다.

　그 대신 '긴급하지 않음/중요' 항목에 속하는 일들을 우선적으로 집행하면 시간을 좀 더 효율적으로 사용할 수 있게 된다. 한마디로 자신의 미래를 준비하는 일에 최대한 시간을 쓰라는 것이다.

절대 되고 싶지 않은 상사를 롤모델로 삼아라

30대들과 대화를 나누다 보면, 자신이 출중한 상사들에게 둘러싸여 일하고 있다고 말하는 사람은 거의 없고, '상사와 맞지 않는다', '상사를 존경할 수 없다', '상사가 바뀌는 게 나의 희망 사항이다'라고 거침없이 불만을 털어놓는 쪽이 압도적으로 많다.

직장에서 롤모델로 삼을 수 있는 선배가 없다는 사실은 그 회사를 떠나고 싶게 만드는 또 하나의 이유가 된다. 최선을 다해 일하는 모습, 남다른 직업정신, 그리고 본받고 싶은 인생관을 가진 선배를 보며 그의 발자국을 따라가는 것만으로도 얼마나 도움이 되는지, 직장생활을 웬만큼 해본 사람이라면 잘 알 것이다.

하지만 이것은 사실 기회기도 하다. 예전에 회사들이 많이 모여 있는 도심에서 혼자 점심식사를 한 적이 있다. 식당 안이 직장인들로 가득했는데, 그중에 30대 중후반으로 보이는 남자들 셋서 일 이야기를 하며 식당으로 들어왔다.

자리에 앉자마자 한 사람이 '늘 먹던 걸로!'라고 주문하자 다른 두 사람이 잠시 생각할 겨를도 없이 '음, 그럼 나도 그걸로!' 하고 맞장구를 쳤다. 그때 나는 이런 생각이 들었다. 왜

저 사람들은 다른 음식이 먹고 싶다고 말하지 않는 것일까?

무엇을 먹을지는 완전히 개인의 취향이자 자유인데 식당에서 메뉴를 고르는 일에서조차 자기 나름의 취향과 의지가 없어 보이는 모습을 나는 이해하기 힘들었다.

나는 저 사람들은 회사에서도 저런 방식으로 일하겠구나 하고 느꼈다. 분명한 자기주장이나 철학적 소견 없이 이리저리 줏대 없이 흔들리는 모습 말이다. 그 다음으로 이어지는 대화는 주로 부하와 상사에 대한 불만이었다.

"A는 상상력이 너무 없어. 그 지경인데 어떻게 우리 회사에 들어왔을까?"

"B는 생각도 행동도 너무 느려. 5년차가 그러니 앞으로 기대하기 힘든 친구야."

"C부장은 다른 부서와의 조정에 좀 더 힘을 쏟아야 하는데, 너무 무관심해."

"본부장은 좀 더 전체를 바라보면 좋겠어. 안목이 너무 좁고 편협해!"

"그 사람은 원래 우리의 말을 듣는 척하면서 결국은 전혀 듣지 않고 있어."

점심시간이라 그 정도지 저녁에 술이라도 한 잔 들어가면 원망과 비난, 불만과 넋두리가 더욱 심해질 게 분명했다. 이런 사람들이야말로 분명히 상상력 결여에 민첩하지 못하고, 전체를 조감하기는커녕 자기 앞가림을 하기에 바쁜 위인들일 것이다.

다른 사람들에 대해 불만을 말하거나 비난을 하면 그 자리에서는 한순간 속이 풀릴 수 있겠지만 뒷맛은 확실하게 씁쓸해진다. 그 말들 자체가 스스로를 향하는 부메랑이 될 수도 있기 때문이다. 게다가 그들은 그런 말들이 자기의 이미지를 떨어뜨린다는 사실을 좀처럼 깨닫지 못한다.

이런 사람이 더 높이 승진해서 부장이나 회사의 임원이라도 되면 부하직원을 혼낼 때도 인격을 무시하는 언사를 거침없이 내뱉는다.

"너는 무엇을 해도 안 되는 녀석이야!"

"네가 이 회사에 있어야 할 의미를 모르겠다!"

"당장 그만둬버려!"

이런 말을 듣는 부하직원은 과연 깊이 반성하고 조금 나은 사람이 되려고 노력할까? 마음속으로 앙심을 품으며 회사를 떠날 생각만 하지 절대 바뀌지 않을 것이다.

사람은 누구나 자신의 존재를 인정받기를 원하고, 존재 가치의 중요성을 알아주길 바란다. 나의 자존감이 중요하면 부하직원의 자존감도 중요하다는 사실을 모르는 사람은 리더라고 볼 수 없다.

만약 당신의 상사가 이런 사람이라면 불만이 크겠지만, 내일부터 마음가짐을 바꿔서 그런 인간과 만나게 되어 차라리다행이라고 생각했으면 한다. '절대 닮고 싶지 않은 선배를 반면교사로 삼아서 나의 미래를 밝히자'고 긍정적으로 받아들이라는 얘기다.

상사의 업무 방식이 틀렸다고 생각되면 그런 상황에 어떻게 대처할지 고민해보고, 상사가 타 부서와 자주 문제를 일으키면 그 상황을 잘 관찰해서 문제점을 분석하고 나름의 해결책을 강구해보자.

이런 반면교사 훈련이 쌓이면 마음에 들지 않는 상사의 이상한 행동에도 조금은 관대한 마음으로 대할 수 있지 않을까? 상사라면 절대로 해서는 안 되는 일들을 그 사람이 온몸으로 가르쳐주고 있으니 차라리 감사할 일이라고 생각하자.

상사도 인간이다. 완벽할 리가 없다. 내가 동경할 만한 상사에게만 배우는 게 아니라 절대로 되고 싶지 않은 상사에게

서도 얼마든지 교훈을 얻을 수 있다.

따라서 그런 선배가 있는 회사에서는 희망을 찾을 수 없다는 이유로 사직서를 써버리거나 젊은 혈기를 참지 못하고 함부로 적대감을 표출하는 행동은 성공을 향해 달려가는 30대에게는 절대 있어서는 안 되는 태도다.

그를 지표로 삼아서, 그 사람처럼 '절대 되고 싶지 않은 선배'가 아니라 후배들의 존경을 받으며 회사에 공헌할 수 있는 사람이 되겠다는 결심을 하자.

상사와 사이가 나빠서, 또는 그런 인간이 득실거려서 아예 회사에 가고 싶지 않다는 생각에 퇴사를 생각하는 사람이 많을 것이다. 하지만 현재 직장에서 좋지 못한 인간관계 때문에 도망치듯이 회사를 그만둬버리면, 다음 회사에서도 마찬가지로 비슷한 인간관계 문제로 고민하게 된다는 점을 잊지 마라.

가끔은 하늘의 별을 보며
노래를 불러라

삶의 무게에 쫓기며 살아가는 자신에게
스스로 위안과 여유를 주는 사람이 되자.

지방 소도시의 시청 공무원으로 근무하는 고야마 도모에에게는 남다른 취미가 하나 있다. 대학 때부터 서른두 살인 지금까지 습관처럼 지켜온 일인데, 한 달에 한두 번은 꼭 짐을 싸들고 100킬로미터나 되는 장거리를 운전해서 천문대에 가는 것이다.

그녀의 취미는 천체망원경을 통해 밤하늘의 별을 보는 것이다. 별을 바라보는 게 무슨 재미냐고 할지 모르지만, 천만의 말씀이다.

광대한 우주에 존재하는 수많은 별들을 볼 때마다 가슴에 들어차는 감동은 정말 대단하다. 일상의 무게에 허덕이는 몸에 이보다 더 온기를 더하는 일은 없다고 자신 있게 말할 만큼 그녀는 이 일에 매료되어 있다.

그녀는 천체망원경을 쓰기 보다 주변의 잔디밭에 누워서 별을 보는 걸 더 좋아한다. 어린 시절엔 다 그러지 않았던가. 마당에 둘러앉아 새카만 하늘을 가로지르며 날아가는 별똥별을 보고 환호성을 지르고, 하얗게 펼쳐진 은하수를 보며 가슴이 뻥 뚫리는 것 같았던 기억 말이다.

고야마는 그렇게 밤새도록 별을 보면서 노래를 흥얼거리기도 하고, 때로는 유년 시절에 아버지가 들려주었던 별에 얽힌 신화 이야기를 떠올리며 혼자 웃기도 한다.

고야마가 이런 취미를 고수하는 이유는 삭막한 일상에 허덕이는 자신에게 낭만적인 시간을 선물하고 싶기 때문이다. 너무 메마르고 남을 의식하는 일상에, 그 무엇에도 간섭받지 않는 여유로운 공간을 마련해주고 싶은 것이다.

얼마 전엔 별을 보다 깜빡 잠들었다가 깨어났는데, 하늘 가득 들어찬 별을 보고 왈칵 눈물이 나왔다. 한번 쏟아진 눈물은 그칠 줄을 모르고 흘러내렸다. 언제나 변함없는 밤하늘의 별들로부터 무수히 쏟아지는 옛 기억들이 그의 가슴 깊이 숨어 있던 감성을 일깨웠던 것이다.

그때 알았다. 내가 참 힘들구나. 30대에 들어서서 너무 숨차게 살아왔구나. 좀 더 마음의 여유를 찾고 싶다. 보이지 않는 것들과 경쟁하면서 핏발 선 눈으로 세상을 바라보기보다는 어둠을 밝히는 별들처럼 조용히 빛나는 존재가 되고 싶다. 고야마는 그런 생각을 하며 밤새 울었다.

돌아보면 모든 게 여의치 않았지만, 그래도 고야마는 인생을 좀 더 크게 바라보면서 자신에게 다가오는 미래를 여유롭게 대하는 자세가 필요하다고 생각한다.

그렇기에 밤하늘의 별을 보며 세상을 대하는 자신의 관점을 더 크고 넓게 만드는 일이 매우 중요하다고 믿는다. 그러면서도 인생을 낭만적인 눈으로 바라보는 마음가짐을 잃고 싶지 않다고 생각한다.

하지 않아서
생기는 후회는
평생을 간다

"20년 후 당신은, 했던 일보다 하지 않았던 일로 인해 더 실망할 것이다.
그러므로 돛줄을 던져라. 안전한 항구를 떠나 항해하라.
당신의 돛에 무역풍을 가득 담아라. 탐험하라. 꿈꾸라. 발견하라."

_마크 트웨인Mark Twain, 미국의 소설가

상상할 수 없는 도약이 기다리고 있다

앞에서 30대 시절에는 의도적으로 스스로에게 엄청난 부하
를 걸었다고 말했는데, 그렇게 부하가 걸린 상태에서 자신을
더 높이 성장시키려는 행위를 '스트레칭한다'고 표현한다.

커리어 관리에서 스트레칭이란 손이 닿지 않는다고 생각
되는 일에도 과감하게 손을 뻗어 도전하는 걸 의미한다. 이것
이 왜 중요할까? 30대에 자신을 스트레칭하는 여부에 따라
40대 이후의 커리어에서 큰 차이가 나기 때문이다.

매일 스트레칭을 하다 보면 원래 몸이 딱딱한 사람도 서서

히 몸이 부드러워지게 된다. 반면에 평소에 전혀 스트레칭을 하지 않는다면 몸이 점점 굳어지게 된다.

마찬가지로, 40대가 되기 전까지 평소 이력서에 오를 경력의 스트레칭을 충분히 해두지 않으면 40대가 되어서 갑작스럽게 어떤 큰일을 떠맡았을 때 감당하지 못하게 된다.

내가 젊은 시절에 컨설팅회사를 지원했던 이유는 첫 직장에서 법무 업무를 담당했던 게 계기가 되었기 때문이었다. 그러다 점점 경영컨설팅 분야로 관심을 넓히게 되었고, 거기서 나 자신을 한 걸음 더 성장시킬 필요가 있다고 느껴 미국 유학을 선택했었다.

유학을 하면서 세계 여러 나라에서 모인 우수한 인재들과 교류할 수 있었고, 나의 현재 위치에서는 상상도 할 수 없는 도약의 기회가 오지 않을까 하는 기대도 할 수 있었다.

미국 유학에서 돌아온 뒤에, 나의 이력에 관심을 보이는 여러 회사들 중에 세계적인 컨설팅 기업 맥킨지를 선택했다. 맥킨지라면 현재 나에게 없는 것들을 채울 수 있지 않을까, 어제까지와는 전혀 다른 내가 될 수 있지 않을까 하는 생각이 들었기 때문이다.

기업 경영컨설팅과 마케팅전략 수립, 그리고 산업 관련 지식을 제공하는 업무를 전문으로 하는 맥킨지에서 나는 글로벌 기업의 일하는 방식과 진정한 프로 의식이 무엇인지 배웠다.

그 뒤 34세 때 유니덴에 인사부장으로 입사해서 2년 동안 일하다가 36세에 애플 일본 지사의 인사담당 본부장으로 스카우트되었다.

내가 애플을 선택한 첫 번째 이유는 이 회사가 임직원들에게 격무를 시킨다는 소문을 들어서였고, 두 번째 이유는 인사부의 힘이 막강하다는 점이 내게 딱 맞는다고 느꼈기 때문이었다. 나는 애플의 높은 근무 강도가 내 능력을 키우는데 큰 도움을 주리라 믿었고, 결과적으로 나의 선택은 옳았다.

나는 이렇게 30대 10년 동안 성공을 위한 근육을 키우기 위해 힘껏 스트레칭할 일만 생각하며 뛰었다. 그러면서 나는 항상 이런 생각을 했다.

'이 시기만 넘어가면 지금은 상상할 수도 없는 도약이 기다리고 있을 것이다!'

그랬기에 나는 애플을 선택했고, 다른 회사도 마찬가지였다. 물론 사람마다 스트레칭 방법은 다를 것이다. 한 회사에서 뿌리를 내리고 도약의 기회를 기다릴 수 있고, 직장이 아닌 다른 자리에서 자기만의 비상을 꿈꿀 수도 있다.

분명한 사실은, 근육이 찢어질 듯이 스트레칭을 계속하는 사람만이 40대 이후에 성공을 향해 도약할 수 있다는 점이다. 당신은 지금 어떤 식으로 스트레칭을 하고 있는가?

하지 않아서 생기는 후회는 평생을 간다

코넬대학 심리학과 학생들이 교수의 지도 아래 '행위 후회'와 '비행위 후회'를 조사했다. 행위 후회란 행동을 함으로써 생기는 후회를 말하고, 비행위 후회는 아무 행동도 하지 않음으로써 생기는 후회를 말한다. 조사 결과는 다음과 같았다.

- 지난주의 일 : 행위 후회 53퍼센트, 비행위 후회 47퍼센트
- 오래전의 일 : 행위 후회 16퍼센트, 비행위 후회 84퍼센트

최근의 일에 관한 기억에서는 행위에 대한 후회율이 약간 높지만, 세월이 흘러 그 시점에서 멀어지면 압도적으로 비행위에 대한 후회율이 높아진다는 얘기다.

이유가 뭘까? 이미 행위가 끝난 일은 아무리 실패하더라도 '그것은 그것으로 괜찮다', '그 실패가 있었기 때문에 지금의

내가 있다'고 하면서 스스로 합리화할 수 있기 때문이다. 심리학에서는 이를 '마음의 면역기능'이라고 한다.

그러나 비행위에 대한 후회는 마음의 면역기능이 작동되지 않는다. 그렇게 하기엔 너무 많은 시간이 지나버려서 행위를 하지 않음으로써 남은 후회가 앙금처럼 남았기 때문이다.

이 조사가 말해주는 것은, 뭔가 하려고 했던 것을 하지 않을 경우에는 후회의 감정이 평생을 갈 수도 있다는 것이다. 이는 대부분의 나이를 먹은 사람들이 젊은 시절의 어떤 결정에 대해 후회하는 모습에서도 알 수 있다.

"왜 그때 그렇게 하지 않았을까?"

"조금만 더 깊이 생각했더라면, 조금 더 용기를 내었더라면, 그 일에 도전했을 텐데……."

내가 게이오대학에서 강사로 있던 때에 무척 흥미로운 학생을 만났었다. 28세에 대학에 입학해서 32세에 졸업한 그는 중학생 때 불우한 가정환경 때문에 비행 청소년이 되어 거리를 방황했고, 고등학생 때는 그 어떤 의욕도 없이 무위도식하며 살았다고 한다.

고등학교를 졸업한 뒤에는 일용직으로 일하면서도 하루하루 아무 목적도 없이 지냈다. 장래에 대한 희망 따위는 없이 그렇게 근근이 살아가던 그에게 터닝 포인트가 찾아온 것은 22세 때였다.

어느 날 하릴없이 신문을 뒤적이다가 호주에서 워킹홀리데이를 통해 얼마 동안 체류할 기회를 준다는 광고를 보게 되었다. 워킹홀리데이는 외국을 여행하면서 그 나라에서 일도 할 수 있도록 특별히 허가해주는 제도다.

그렇지 않아도 꽉 막힌 현실에 답답해하던 그는 호주로 건너갔고, 그곳에서 자신이 얼마나 스스로를 내던져버리고 손바닥만한 작은 세계에 머물러 있었는지를 통렬히 느꼈다.

귀국하고 얼마 있다가 우연한 기회에 스리랑카에서 자선 활동을 펼치는 사람들을 알게 되었고, 곧바로 그 일에 뛰어들기 위해 스리랑카로 건너갔다. 그렇게 시간을 보내는 동안 그의 머리에는 이런 생각이 뚜리를 틀었다.

"인간은 노력에 따라 바뀔 수 있다. 나 또한 그렇다."

그 뒤로 몇 년 동안 세계 여행을 하면서 견문을 넓힌 그는 대학에 들어가 공부를 해야겠다는 마음을 먹었다. 그동안 사회적 기업가가 되자는 목표를 세웠는데, 이를 위해서라도 반드시 공부가 필요했다.

그래서 그는 28세의 나이에 게이오대학 종합정책 학부에 입학했던 것이다. 졸업 후에 NGO 단체에서 일하고 있는 그가 다음에는 어떤 행보를 보일지, 나는 아주 흥미롭게 지켜보고 있다.

그때는 무슨 까닭인지 게이오대학에 재미있는 경력을 가진 사람들이 아주 많았다. 가라테 도장에서 사범으로 활동하다가 큰 부상을 당해 더 이상 운동을 계속할 수 없게 된 차제에 공부를 선택한 사람도 있었다.

그런가 하면 호텔 일식당에서 3년, 이탈리안 식당에서 2년 동안 요리를 하면서 셰프로서의 장밋빛 인생을 꿈꾸다가 적성에 맞는 새로운 인생을 찾기 위해 입학한 사람도 있었고, 신주쿠의 카지노 바에서 바텐더로 일하다가 언제까지 이런 일만 할 수 없을 거라는 생각에 굳은 결심을 하고 입학한 사람도 있었다.

그들에게 공통으로 발견되는 특징은 뭔가를 깨달으면 주저하거나 뒤로 미루는 일 없이 온몸을 던져 행동으로 옮겼다는 것이다.

너무도 많은 사람들이 온갖 잡다한 이유를 들먹이며 스스로 행동해서 나아가는 것을 포기해버린다. 그런 그들에게 몇 년 뒤에 돌아오는 것은 하지 않음으로써 생기는 후회일 것이고, 그 후회는 평생을 갈지 모른다.

지금 늦었다고 생각된다면, 그것을 깨달은 오늘이야말로 이제부터 시작되는 인생의 첫날이라고 생각하자. 당장 신발 끈을 묵자. 30대는 어디서 무엇을 하고 있건 새로운 것을 시작하기에 딱 좋은 나이다.

자원봉사를 하라

다른 사람들에게 베푸는 삶의 자세로
세상 그 무엇과도 바꿀 수 없는 보람을 얻자.

30대의 문턱을 막 넘어서면서 같은 학교 동료 교사인 여성을 만나 1년 동안 연애하고 서른한 살에 결혼했을 때, 우에하라 준이치는 사회에 뭔가 보탬이 되는 일을 하자고 아내와 약속했다.

주말마다 노숙자들을 위해 식사를 제공하는 자원봉사를 해온 아내를 따라서 우에하라도 봉사활동에 적극적으로 참여하게 되었다.

그러는 한편, 두 사람은 본업을 살려서 가출 청소년들을 위해 야간에 운영하는 공부 교실도 열기로 했는데, 여기에 다른 교사들이 선뜻 손을 내밀어주었다.

그들은 어느 종교 단체가 제공한 공간을 이용해서 일주일에 두 차례 중학교 교과과정을 가르치는 야간학교를 열었는데, 학생 수가 3개월 만에 30명으로 늘어나는 등 반응이 아주 뜨거웠다.

야간학교라고는 해도 워낙 소규모고 교사들이 번갈아가며 가르치기 때문에 그다지 어려움은 없었지만, 평일에 두 차례씩 저녁 시간을 내고 주말이면 거리에 나가 식사를 나눠주다 보니 제법 바쁘기도 했다.

하지만 우에하라는 지치기는커녕 기쁜 마음으로 일했다. 교사들이 저마다 내놓은 약간의 돈으로 식사 재료를 구입하고, 일일이 만든 음식을 노숙자들이 맛있게 먹고 감사의 인사를 건넬 때면 무척 보람을 느꼈다.

거창한 무엇을 바라거나 남들에게 칭찬을 받고 싶어서 그러는 게 아니었다. 그저 나보다 형편이 어려운 타인의 그늘진 삶에 도움을 주고 싶다는 마음뿐이었다. 우에하라는 자신이 그럴 수 있는 존재여서 뿌듯했다.

그가 보람과 기쁨을 느끼는 때는 아주 많았다. 어느 날 그들이 가르쳤던 한 소년이 늦게나마 정신을 차렸다며 취업하고 받은 첫 월급을 들고 찾아와 감사의 인사를 건넬 때는 교사들이 전부 얼싸안고 눈물을 흘렸다.

한 노숙자가 꼬깃꼬깃한 지폐 한 장을 내놓으며 식사 준비에 보태라고 했을 때도 마찬가지였고, 노신사 한 분이 찾아와 선뜻 현금 봉투를 건넸을 때도 그랬다. 봉투 속엔 한 달 치 식사 재료를 구하고도 남을 거금이 들어 있었다.

그때마다 가슴에 들어차는 보람은 억만금을 주고도 얻지 못할 기쁨이었다. 살면서 누군가를 도울 수 있다는 것이야말로 진짜 행복이 아닐까?

그의 능력으로 물질적인 풍요를 찾자면 불가능한 일도 아닐 것이다. 하지만 사람이 산다는 게 돈이 전부는 아니지 않은가. 그는 돈보다 가치 있는 일에 헌신하고 있다는 기쁨이 30대에 만날 수 있는 최고의 깨달음이라고 생각했다.

그렇기에 그는 한 사람의 교사로서 자신의 직업에 최선을 다하면서 가진 것을 아낌없이 나누는 삶을 평생 이어가리라 다짐했다.

지금은
너무 이르지도,
늦지도 않은 시간이다

"인간사엔 기회라는 것이 있는 법.
기회를 잘 타면 성공에 도달하지만,
놓치면 인생 항로는 여울에 박혀 불행하기 마련이다."

_윌리엄 셰익스피어William Shakespeare, 영국의 극작가

초조해하지 말고, 하나씩 단계를 밟아나가라

30대가 끝나갈 무렵이면, 직장인은 회사에서 입지를 다져서 과장급 이상으로 승진하기 시작할 테고, 일정한 규모의 창업을 한 사람이라면 이제 얼마간의 경험이 쌓였으므로 좀 더 확고하고 희망적인 사업 비전을 세울 때다.

그러나 한편으로 이 시기는 많은 고민을 껴안은 채 살아가는 시기기도 하다. 특히 직장인이라면 사원으로서의 역할과 부하직원을 거느리고 있는 장長의 역할이라는 2가지 입장 때문에 고민하는 사람들이 많을 것이다.

30대를 마감하는 시기가 되면 커리어의 닻을 어느 영역에 내릴지를 생각해야 한다.

미국 MIT 경영대학 교수 에드 샤인Ed Schein은 10여 년에 걸친 장기 조사를 통해 사람들의 직업 선택에 대한 원칙을 발견했다. 그는 경력을 '닻anchor'으로 표현했다. 어디로 가야 될지 모르는 배가 항해를 계속하면서 자신이 정박하고자 하는 항구, 즉 자신이 원하는 곳을 찾게 되면 닻을 내려 정박하게 된다고 한다.

개인이 어떤 직업을 추구할 것인지와 어떻게 일상과 직업 생활의 균형을 이룰 것인지에 대한 결정을 내릴 때, 커리어의 닻은 자기가 내세울 조건의 수준을 조정하는 기능을 한다. 다시 말해서 자신이 지향하는 직업 분야로 전문직, 관리직, 자영업, 사회 공헌 등 어느 쪽을 선택할지를 결정하게 만든다.

30대는 이미 이런 작업을 거쳤기에 지금 이 자리에 와 있는 것이지만, 커리어의 닻을 어디에 내릴지에 대한 진정한 고민은 지금부터 시작된다고 볼 수 있다. 이것이 앞으로의 직업적 방향성을 결정하기 때문이다.

나의 경우, 30대의 끝자락에 이르자 샐러리맨으로서 해야 할 일은 거의 다 해냈다는 성취감과 함께 모든 힘을 소진한 듯한 소비감을 느꼈다. 그 때문에 새롭게 또 다른 기업에 들어가 인사팀에서 일할 마음이 전혀 들지 않았다.

그래서 나는 독립을 선택했다. 그때까지 나의 커리어에는 존재하지 않았던 '창업'이라는 선택지에 매력을 느껴서 작아도 좋으니 자력으로 회사를 경영해보자고 결심했다. 유명 회사 브랜드에 속한 내가 아니라 나만의 브랜드 그 자체로 얼마만큼 해낼 수 있을지 가능성을 시험해보고 싶은 마음이 컸다.

나는 39세에 마침내 회사를 설립했다. 변호사, 회계사, 마케터들과 함께 벤처기업의 영업 활동을 지원해주는 회사로, 나는 이 회사에서 회장으로 일했다. 그러는 한편으로는 몇 곳의 인사관리 컨설팅을 해주는 사외이사도 맡아 별도로 활동했다.

매월 일정한 급여가 들어오지 않는 생활이니 당연히 불안했지만, 아무 비전 없이 회사를 그만둔 게 아니라 독립 후의 활동 계획이 구체적으로 마련되어 있었기에 별로 고민하지 않았다.

30대를 마무리하면서 완성도 있게 자기 커리어를 집약할 수 없는 사람도 있을 것이다. 아직도 여전히 방황을 거듭하면서 방향과 목표를 정하지 못하고 있는 사람들 말이다.

그렇다고 너무 걱정할 필요는 없다. 성장의 속도는 사람마다 다르고, 도달해야 할 목표도 저마다 다르다. 이미 성공 가

도를 달리고 있는 사람이 있다면, 늦게 피는 꽃처럼 시간이
더 필요한 사람도 있다는 얘기다. 중요한 것은 성장을 위해
노력하는 과정으로, 조금 늦더라도 단계별로 한 걸음씩 쉬지
않고 앞으로 나가면 된다.

도전만이 성공에 필요한 사람을 만나게 한다

"일생 동안 반드시 만나야 할 사람은 언젠가는 반드시 만나
게 되어 있다. 그리고 그 순간은 너무 이르지도, 너무 늦지도
않은 시기일 것이다."

학자이자 교육자인 모리 노부조森信三 교수의 말이다. 내가
30대를 무사히 지나올 수 있었던 것은 각별했던 사람들과의
만남, 그리고 그 사람들의 도움이 있었기 때문이다. 그들이
없었다면 혼자서는 절대 얻을 수 없는 것들이 많았다.

유니덴에 입사하게 된 계기는 미국 유학 시절에 만난 2년
선배의 권유였는데, 그 회사의 상무였던 선배는 입사 후에도
나의 생각을 전적으로 지지해주며 밀어주었다.

30대 중반에 대학에서 컨설팅 분야에 관한 강의를 할 기회
가 있었는데, 그것은 어느 기업의 연수에 강사로 초빙되었던

대학교수가 나의 강의를 보고 추천해주었기 때문이었다.

그밖에도 내가 일하면서 만났던 많은 사람들은 멀리서, 또는 가까이서 나를 지켜보며 기회의 문을 열어주려고 애써주었다.

따라서 이렇게 말하고 싶다. 당신이 새로운 도전을 하면서 포기하지 않고 계속 발버둥치고 있는 모습을 누군가는 반드시 지켜보고 있다고 생각하라고 말이다. 당신이 도움을 필요로 할 때 힘껏 손을 뻗어주는 사람은 옆에서 오랫동안 지켜보고 응원해준 인연으로 당신 앞에 나타나는 것이다.

그렇기에 30대의 도전은 틀림없이 앞으로의 당신의 삶에서 다시 없을 만남을 만들어줄 게 분명하다. 여기에 이 만남이 빨리 이루어질 수 있도록 돕는 행동 3가지를 소개하겠다.

1. 하고 싶은 일에 대한 비전을 적극 표현하라

무조건 당신의 비전을 떠벌리고 다니라는 게 아니다. 가령 독립해서 자기 사업을 해보겠다는 비전이 있다면, 지금 다니고 있는 직장의 상사나 동료에게 말하는 것은 어려울 수 있지만 이해관계가 전혀 없는 사람인 가족, 친구들에게는 말할 필요가 있다.

다른 사람들에게 말을 한 다음, 피드백을 살펴보면서 장래

에 대한 이미지를 추가하거나 개선하고 그들이 납득하게끔
재설계를 하라.

그러다 보면 그 말을 기억한 누군가가 어떤 계기로 문득
당신의 이야기를 떠올려서 관련되는 사람이나 회사를 소개
해줄 수도 있고, 좋은 아이디어를 제공할 수도 있다.
성공한 많은 사람들이 우연히 만난 어떤 사람의 도움으로
큰 기회를 얻었다고 말하는데, 그것은 그저 단순한 우연이 아
니라 끊임없는 도전의 결과로 찾아온 필연적인 결과다.

2. 모든 일을 즐겨라

매사에 결사적으로 임하는 것도 중요하지만, 그렇다고 무
턱대고 덤비면 절대 안 된다. 자신을 객관적으로 바라보면서
'이렇게 맹렬하게 도전하는 것은 평생 처음이다' 같은 생각이
들 정도로 과정 자체를 즐기는 일도 소홀히 하면 안 된다.
나의 경우, 항상 분에 넘치는 일에 도전하는 습관 때문에
힘겹게 일을 하고 있는데도 주위 사람들은 내가 언제나 즐기
고 있는 듯한 표정이라고 말한다. 왜 그럴까?

나는 아무리 힘든 상황에서도 그 나름의 묘미를 발견하면
서 일을 해나가려고 노력한다. 일을 해나가는 과정에서 기쁨

을 느끼려고 노력하는 것이다.

　일에 끌려다니는 노예가 되기보다는 일을 나의 페이스에 맞춰 이끌어나가는 과정에서 순간순간 보람을 느끼다 보면 어느새 결승점에 도달해 있을 때가 많았다는 게 나의 결론이다.

3. 아낌없이 주어라

　'give and take'라는 말은 '주는 게 있다면 받는 것도 있다'는 뜻으로, 결과적으로 주고받는 게 서로 같다는 의미다. 그러나 자칫하면 받는 것이 우선시되고, 주는 것은 나중 일이 되는 'take and give'가 되는 게 문제다. 게다가 받기만 한 채로 베풀지 않으면 일은 더 심각해진다.

　단기적으로는 받는 것만으로 얻는 것도 있겠지만, 중장기적으로 보면 받기만 하고 다른 사람에게 아무것도 주지 않거나, 받기가 목적인 주기를 하는 것은 상생의 관계가 성립되지 않아 불신감만 키우는 결과를 불러온다.

　그렇기에 사람은 일단 주기만 하고 끝내는 정도가 딱 좋다. 베풀되 받는 것은 기대하지 말자. 나는 이것이 진정한 'give and take'라고 생각한다.

　무언가를 주고 보답을 원하는데, 상대로부터 돌아오는 것이 없으면 불만을 갖게 된다. 하지만 상대에게 아무것도 기대하지 않고 있다가 뭔가를 돌려받으면 예상 밖의 기쁨이 된다.

나이키Nike의 아시아 태평양 지역 인사 총괄책임자였던 마스다 야요이增田弥生는 사원을 채용할 때 나이키에 어울리는지, 그렇지 않은지의 관점에서만 인재를 살펴본다고 말했다.

이때 나이키에 어울리는 사람인지를 판단하는 기준은 '에너지 티커energy ticker'인가의 여부라고 한다. '티커'는 시계가 똑딱거리는 소리를 표현하는 말로, 나이키는 사람들에게 에너지를 제공하는 데 앞장설 인재를 원하기에, 아무리 대단한 경력을 가진 우수한 인재라도 시계의 초침 소리같이 미약한 에너지를 제공하는 사람은 사절이라는 것이다.

당신은 타인에게는 물론이고 자기 자신에게도 큰 에너지를 제공하는 사람인가? 30대는 끊임없이 이 문제를 고민하는 시기여야 한다.

목표를 향해 모든 에너지를 쏟아부어 도전하고, 하고 싶은 일의 이미지를 주위 사람들에게 분명하게 표현함과 동시에 그 도전에 즐겁게 임하자. 그리고 아낌없이 베풀자. 그러다 보면 주위 사람들이 자연스럽게 당신의 손을 들어줄 것이다.

10년 후의 자기 삶을 설계하라

인생을 바꾸려면 지금 당장 시작하여
눈부시게 실행하라. 예외는 없다.

10년 후 당신의 모습을 상상해본 적이 있는가? 인생의 절정
인 40대를 당신은 어디서, 어떤 모습으로 살아가고 있을까?

30대를 살면서, 대부분의 사람들은 20대에 더 열심히 살
걸 그랬다는 후회와 반성을 한다. 그때 다른 선택을 했더라
면, 지금과는 전혀 다른 인생의 주인공이 되었을 거라는 아쉬
움이 마음을 아프게 한다. 그렇다면 30대인 지금, 10년 후에
그런 생각이 들지 않도록 더 열심히 살아야 할 것이다. 그렇
다면 지금 당장 무엇을 해야 할까?

첫 번째 할 일은 10년 후의 자신을 확실하게 그리는 것이다. 인생의 황금기라 불리는 40대를 남부럽지 않게 살기 위한 자기만의 설계도가 필요하다는 뜻이다.

막연해서는 안 된다. 건축사가 건물을 세우기 위해 과학적 원리에 따라 면밀하게 설계도를 그리듯이, 무엇을 어떻게 준비하고 실행해야 할지를 종이에 구체적으로 적어라.

꿈의 설계도는 벽에 붙여놓아도, 항상 들고 다니는 다이어리에 간직해도 좋다. 항상 눈으로 확인하고 마음으로 다짐할 수 있는 곳에 비치하라는 뜻이다. 그런 식으로 계속 자신을 각성시킬 필요가 있다. 당신의 비전이 생각 속에 뿌리 깊게 자리하게 만들어 당신이 항상 그곳으로 향하게 만들어라. 미국의 심리학자 윌리엄 제임스William James는 말한다.

"인생을 바꾸려면 지금 당장 시작하여 눈부시게 실행하라. 예외는 없다."

두 번째는 이미 10년 후의 꿈을 이룬 사람처럼 생각하고 행동하는 것이다. 누구도 10년 후 자기 모습을 낙오자가 되어 지리멸렬하게 살아갈 사람으로 그리지는 않을 것이다.

지금과는 많이 달라져서 당당하게 살아가는 모습을 그린다면, 오늘부터 당장 그런 얼굴로 살아가라. '행복해서 웃는 게 아니라 웃기 때문에 행복한 것'이라고 말한 사람도 윌리엄 제임스였다. 30대부터는 이미 성공자가 된 듯이 생각하고 행동하는 것의 중요성을 말해주는 명언이다.

세 번째는 지금까지 이 책에서 열거한 〈30대에 도전하지 않으면 안 될 일들〉 15가지와는 다른, 당신만의 15가지 목록을 직접 만드는 것이다.

15가지 목록은 현실에서 충분히 실행 가능한 것으로 설정하라. 겉멋에 취해 너무 추상적이거나 실행하기 힘든 것을 목표해서는 안 된다. 무엇보다 당신 자신에게 정직한 목표를 세워라. 당신의 건투를 빈다.

옮긴이 **이정은**

고려대학교를 졸업하고 일본 히토쓰바시대학(一橋大學) 대학원에서 석사학위와 '한일 근대의 인쇄 매체를 통해 나타난 근대여성 연구'라는 주제로 박사학위를 받았다. 현재 일본에서 대학강사로 활동하고 있다. 번역서로 《곁에 두고 읽는 니체》, 《살아남는다는 것에 대하여》, 《도망치고 싶을 때 읽는 책》, 《만만하게 보이지 않는 대화법》 등이 있다.

30대의 선택이 인생을 바꾼다

신개정판 1쇄 인쇄일 2020년 12월 23일
신개정판 1쇄 발행일 2021년 01월 04일

지은이 코스기 토시야
옮긴이 이정은
발행인 이지연
주간 이미숙
책임편집 정윤정
책임디자인 이경진, 권지은
책임마케팅 이한주
경영지원 이지연

발행처 (주)홍익출판미디어그룹
출판등록번호 제 2020-000332 호
출판등록 2020년 12월 07일
주소 서울시 마포구 독막로 18길 12, 2층(상수동)
대표전화 02-323-0421
팩스 02-337-0569
메일 editor@hongikbooks.com

파본은 본사나 구입하신 서점에서 교환하여 드립니다.
이 책의 내용은 저작권법의 보호를 받는 저작물이므로 무단 전재와 무단 복제를 금합니다.

ISBN 979-11-9729-761-8 (03190)

※ 이 책은 《30대에 하지 않으면 후회할 것들》의 신개정판입니다.